Gottesdienst gebete zum Kirchenjahr

Peter Helbich

Gütersloher Verlagshaus Gerd Mohn

CIP-Kurztitelaufnahme der Deutschen Bibliothek

Helbich, Peter:
Gottesdienstgebete zum Kirchenjahr /
Peter Helbich. -
Gütersloh : Gütersloher Verl.-Haus Mohn, 1987.
ISBN 3-579-02744-1

ISBN 3-579-02744-1
© Gütersloher Verlagshaus Gerd Mohn, Gütersloh 1987

Das Werk einschließlich aller seiner Teile ist urheberrechtlich geschützt. Jede Verwertung außerhalb der engen Grenzen des Urheberrechtsgesetzes ist ohne Zustimmung des Verlages unzulässig und strafbar. Das gilt insbesondere für Vervielfältigungen, Übersetzungen, Mikroverfilmungen und die Einspeicherung und Verarbeitung in elektronischen Systemen.

Satz: Stiewe & Lieber, Löhne
Druck und Bindung: Ebner Ulm
Printed in Germany

Inhalt

Vorwort 8

Advent
1. Sonntag im Advent 12
2. Sonntag im Advent 14
3. Sonntag im Advent 16
4. Sonntag im Advent 18

Weihnachten
Heiliger Abend 22
Das heilige Christfest - 1. Feiertag: Tag der Geburt des Herrn . . . 24
Das heilige Christfest - 2. Feiertag 26
1. Sonntag nach dem Christfest 28
Altjahrsabend: Silvester 30
Neujahrstag 32
2. Sonntag nach dem Christfest 34
Epiphanias: Fest der Erscheinung des Herrn 36

Nach Epiphanias
1. Sonntag nach Epiphanias 40
2. Sonntag nach Epiphanias 42
3. Sonntag nach Epiphanias 44
4. Sonntag nach Epiphanias 46
5. Sonntag nach Epiphanias 48
Letzter Sonntag nach Epiphanias 50

Septuagesimä: 3. Sonntag vor der Passionszeit 52
Sexagesimä: 2. Sonntag vor der Passionszeit 54
Estomihi: Sonntag vor der Passionszeit 56

Passion

Invokavit: 1. Sonntag der Passionszeit.................. 60
Reminiszere: 2. Sonntag der Passionszeit............... 62
Okuli: 3. Sonntag der Passionszeit..................... 64
Lätare: 4. Sonntag der Passionszeit.................... 66
Judika: 5. Sonntag der Passionszeit.................... 68
Palmsonntag: 6. Sonntag der Passionszeit............... 70
Gründonnerstag: Tag der Einsetzung des heiligen Abendmahls. 72
Karfreitag: Tag der Kreuzigung des Herrn............... 74

Ostern

Das heilige Osterfest -
Ostersonntag: Tag der Auferstehung des Herrn.......... 78
Ostermontag... 80
Quasimodogeniti: 1. Sonntag nach Ostern............... 82
Miserikordias Domini: 2. Sonntag nach Ostern.......... 84
Jubilate: 3. Sonntag nach Ostern...................... 86
Kantate: 4. Sonntag nach Ostern....................... 88
Rogate: 5. Sonntag nach Ostern........................ 90
Himmelfahrt... 92
Exaudi: 6. Sonntag nach Ostern........................ 94

Pfingsten

Das heilige Pfingstfest -
Pfingstsonntag: Tag der Ausgießung des Heiligen Geistes.... 98
Pfingstmontag... 100
Trinitatis: Tag der Heiligen Dreieinigkeit............ 102

Nach Trinitatis

1. Sonntag nach Trinitatis............................ 106
2. Sonntag nach Trinitatis............................ 108

3. Sonntag nach Trinitatis 110
4. Sonntag nach Trinitatis 112
5. Sonntag nach Trinitatis 114
6. Sonntag nach Trinitatis 116
7. Sonntag nach Trinitatis 118
8. Sonntag nach Trinitatis 120
9. Sonntag nach Trinitatis 122
10. Sonntag nach Trinitatis 124
11. Sonntag nach Trinitatis 126
12. Sonntag nach Trinitatis 128
13. Sonntag nach Trinitatis 130
14. Sonntag nach Trinitatis 132
15. Sonntag nach Trinitatis 134
16. Sonntag nach Trinitatis 136
17. Sonntag nach Trinitatis 138
18. Sonntag nach Trinitatis 140
19. Sonntag nach Trinitatis 142
20. Sonntag nach Trinitatis 144
21. Sonntag nach Trinitatis 146
22. Sonntag nach Trinitatis 148
23. Sonntag nach Trinitatis 150
24. Sonntag nach Trinitatis 152

Ende des Kirchenjahres
25. Sonntag nach Trinitatis:
Drittletzter Sonntag des Kirchenjahres 156
Volkstrauertag: Vorletzter Sonntag des Kirchenjahres 158
Buß- und Bettag 160
Ewigkeitssonntag: Letzter Sonntag des Kirchenjahres 162

Erntedankfest 164
Reformationsgedenktag: 31. Oktober 166

Vorwort

In diesem Band werden für den Gottesdienst zwei klassische Gebetsformen angeboten: das Kollekten- und das Fürbittengebet.
Am Ende des Eingangsteils unserer durch Jahrhunderte gewachsenen Gottesdienstliturgie steht das Kollektengebet. Es faßt in geordnetem Aufbau und mit regelmäßig wiederkehrenden Sprachformen das Gebet der versammelten Gemeinde zusammen. Dahinter steht die Erkenntnis, daß sich die Gemeinde Jesu Christi immer in betender Haltung Gott nähert. Ursprünglich wurde die Gottesdienstfeier mit formulierten wie freien Gebeten eröffnet. Der Liturg »sammelte« die vorgetragenen Gebetsanliegen – daher Kollektengebete (lat. colligere = sammeln) – und brachte sie mit wenigen Worten zum Ausdruck. Die lateinische Urfassung dieser Kollektengebete spiegelt eine strenge Ordnung und Sprache wider. Ihr Aufbau setzt sich aus drei Grundteilen zusammen: erstens Anrede, zweitens Bitte und drittens trinitarischer Schluß.
Bis in unsere Tage haben sich Aufbau und Sprachform der Kollektengebete erhalten. Damit ist eine alte kirchliche Tradition über Jahrhunderte hinweg lebendig geblieben. Der Versuch, Kollektengebete in freier Anknüpfung an ursprüngliche Vorlagen neu zu formulieren, soll bewußt diese Tradition aufgreifen. Die Stimme der versammelten Gemeinde vergangener Jahrhunderte verstummt nicht; sie lebt weiter in den für den heutigen Gottesdienstbesucher zur Sprache gebrachten Kollektengebeten. So nimmt vor allem die Bitte, der zweite Teil des Kollektengebets, entweder die Thematik der Kirchenjahreszeit oder ein Anliegen des jeweiligen Sonntags auf. Wenn auch ursprünglich das Kollektengebet nicht als Hinführung zur Epistel- und Evangeliumslesung verstanden wurde, so sind meines Erachtens heute Anklänge an diese Schriftlesungen erlaubt.
Das Fürbittengebet, auch Allgemeines Kirchengebet genannt, nimmt in seinen Eingangssätzen den trinitarisch geformten Schluß des Kollektengebetes wieder auf. Es bildet in der Form des lutherischen Gottesdienstes den Abschluß des Wortteiles. In diesem Gebet werden die »allgemeinen«, d. h. alle Christen angehenden Anliegen vor Gott gebracht. Seinem Wesen nach ist es ein Fürbittengebet: Fürbitte für die Kirche Jesu Christi, für die Welt und für die Nöte und Leiden des Menschen. Drei klassische Formen des Fürbittengebetes haben sich schon in den Anfängen der Kirchengeschichte entwickelt. Die gebräuchlichste Form ist die der »Prosphonese«. Der Liturg trägt – zum Altar gewandt – die Fürbitten allein vor. Häufig wird

auch die Form der »Ektenie« bevorzugt. Der Liturg nennt mit zum Himmel »ausgebreiteten« Händen die Gebetsanliegen; die Gemeinde antwortet jedesmal mit »Herr, erbarme dich«. Schließlich findet sich noch das sogenannte »Diakonische Gebet«, bei dem der Liturg und Diakon (Lektor) abwechselnd die Fürbitten vortragen. Alle drei Formen sind in diesem Band vertreten. Dabei wurde auf einen immer wiederkehrenden und geordneten Ablauf geachtet. Nach dem trinitarischen Anruf (Anrede) als Aufforderung zur Hinwendung zu Gott folgen Dank und Anliegen. Abgeschlossen wird das Gebet mit einer Bitte im Namen Jesu Christi. Es hat sich in der Gottesdienstpraxis bewährt, daß nach dem Amen des Fürbittengebets das Vaterunser von der Gemeinde gebetet wird. Findet anschließend das Abendmahl statt, wird das Vaterunser in der Abendmahlsliturgie gesprochen.

Kollekten- und Kirchengebete orientieren sich am Ablauf des Kirchenjahres, am Wochenspruch und an den Lesungen des Sonntags. Durch kurze Einführungen wird auf Sinn und Botschaft der kirchlichen Festkreise (Advent, Weihnachten, Epiphanias, Passion, Ostern, Pfingsten, Trinitatis, Ende des Kirchenjahres) hingewiesen.

Die in diesem Band vorgelegten Gebete sind auch als »Grundtexte« für das Gebet gedacht, in das jeder seine eigene Situation und seine aktuellen Anliegen ergänzend einfügen kann. Trotz des unmittelbaren Bezugs zum Gottesdienst und zur betenden Gemeinde können diese Gebete den einzelnen, die Familie und auch die Gruppe durch die Woche bzw. durch das Kirchenjahr begleiten.

Vellmar, im August 1987 *Peter Helbich*

Advent

Advent heißt Ankunft. Dreifach ist die Bedeutung dieser Zeit: Wir gedenken der schon geschehenen Ankunft von Jesus Christus auf dieser Erde. Jesus Christus kommt heute zu uns durch Wort und Sakrament (Taufe und Abendmahl). Wir erwarten die verheißene Wiederkunft Christi. Darum trägt die Adventszeit auch Bußcharakter.Mit Ernst und Freude bereiten wir uns auf das Christfest vor. »Und wird wiederkommen in Herrlichkeit, zu richten die Lebendigen und die Toten; seiner Herrschaft wird kein Ende sein« (Nizänisches Glaubensbekenntnis).

Advent will uns mit einer neuen Art von Erwartung vertraut machen. Es ist Warten auf den, der diese Welt heilt, auf den, der der Dissonanz dieser Welt und unseres Lebens ein Ende macht. Advent ist leidenschaftliche Suche nach dem ersten Lichtzeichen einer neuen Welt. Advent ist Erwartung des wiederkommenden Jesus Christus, der uns aus der verzweifelten Lage einer geradezu zwanghaften Selbsterlösung befreit.

Wir zünden Adventskerzen an. Was im Tiefsten unserer Sehnsucht zum Ausdruck gelangt, ist der Ausblick nach Licht und Leben. Die entbrannte Kerze weist auf dieses lebensspendende Licht hin, das in Jesus Christus erschienen ist. Die Nachtseite des Lebens muß weichen. Mit uns geht eine Verwandlung vor. Wir legen die Werke der Finsternis ab und legen die Waffen des Lichtes an. Mitten in einer Welt von Haß üben wir Liebe. Wo Krieg herrscht, handeln wir für den Frieden, wo Menschenbrüder Unrecht leiden, treten wir für Gerechtigkeit ein. Zu den Waffen des Lichtes gehört es, daß wir Geduld üben, wo andere ungeduldig sind, daß wir verzichten lernen, wo andere ausbeuten, daß wir Menschen in Not – ob hier oder draußen in der weiten Welt – bedingungslos helfen können, wo andere von politischen oder ideologischen Erwägungen gefesselt sind. Zu den Waffen des Lichtes gehört es, daß wir Hoffnung bringen, wo die Verzweiflung Menschen niederschlägt. Durch uns Christen soll dies alles in Bewegung geraten. Wir sehen mit klarem und nüchternem Blick die Todesverfallenheit dieser Welt.

Doch schon sind wir beglänzt von dem Licht der neuen Schöpfung Gottes. Wir warten auf einen neuen Himmel und eine neue Erde. Jesus Christus befiehlt, daß wir uns und diese Welt darauf vorbereiten. »Die Nacht ist vorgerückt, der Tag aber nahe herbeigekommen. So laßt uns ablegen die Werke der Finsternis und anlegen die Waffen des Lichts« (Römer 13,12).

1. Sonntag im Advent

Wochenspruch
Siehe, dein König kommt zu dir,
ein Gerechter und ein Helfer.
Sacharja 9,9

Kollektengebet
Herr,
Schöpfer des Himmels
und der Erde,
wir bitten dich:

Vertreibe durch deine Nähe
die Finsternis des Bösen.
Gib uns die Gewißheit,
daß du bei uns bist,
wenn unser Leben
und diese Welt vergehen.

Erhöre uns
durch Jesus Christus,
der mit dir und dem Heiligen Geist
alles neu macht.

Allmächtiger Gott,
du bist Anfang und Ende der Zeit,
von Ewigkeit zu Ewigkeit. Amen.

Lesungen
Psalm 24
Jeremia 23,5-8
Römer 13,8-14
Matthäus 21,1-9

Kirchengebet

Allmächtiger, ewiger Gott, du bist in deinem Sohn Jesus Christus zu uns gekommen. Du lehrst und tröstet uns durch die Kraft des Heiligen Geistes.

Herr, wir danken dir, daß du zu uns kommen willst. Du bist nicht ein Gott, der uns fremd und fern bleibt, sondern uns nahe ist. Wir warten auf deinen Sohn Jesus Christus, der Licht in die Welt und in unser Herz bringt. Wir tragen die Sehnsucht nach Erlösung in uns. Er erfüllt unsere Sehnsucht nach Leben. Er schenkt uns Hoffnung. Die Dunkelheit muß dem Licht des kommenden Christus weichen. Die Nacht dieser Welt ist im Vergehen, der Tag aber nahe herbeigekommen, an dem du in unser Herz einziehst.

Herr, wir bitten dich für die, die im Schatten leben. Gib Licht und Hoffnung, wo Dunkelheit und Verzweiflung herrschen; wo Traurigkeit und Leid Menschen niederdrücken; wo Verfolgte auf Zuflucht warten; Entrechtete nach Gerechtigkeit schreien; Kranke auf Heilung warten und Sterbende auf die Überwindung des Todes setzen.

Herr, wir bitten dich für die Hungernden in dieser Welt. Sie sind eine Anklage an uns. Wir, die wir reichlich haben, müssen bereit sein, mit ihnen zu teilen. Unsere Hartherzigkeit ist der Tod und unsere Lieblosigkeit der Grund zur Verzweiflung für Millionen von Armen und Entrechteten. Herr, befreie uns von unserer Selbstsucht aus Liebe zu denen, für die wir in deinem Namen verantwortlich sind.

Erhöre unser Gebet, barmherziger Gott und Vater, durch unseren Herrn Jesus Christus. Amen.

2. Sonntag im Advent

Wochenspruch
Seht auf und erhebt eure Häupter,
weil sich eure Erlösung naht.
Lukas 21,28

Kollektengebet
Herr,
Licht des Himmels
auf dieser Erde,
wir bitten dich:

Richte unsere Aufmerksamkeit
auf Jesus Christus, deinen Sohn.
Befreie uns
von den Ablenkungen der Welt,
die uns von ihm abbringen wollen.

Erhöre uns
durch Jesus Christus,
der mit dir und dem Heiligen Geist
alles verwandelt.

Allmächtiger Gott,
du bist Anfang und Ende der Zeit,
von Ewigkeit zu Ewigkeit. Amen.

Lesungen
Psalm 80
Jesaja 63,15-19; 64,1-3
Jakobus 5,7-8(9-11)
Lukas 21,25-33

Kirchengebet
Allmächtiger, barmherziger Gott, lieber Vater im Himmel. Jesus Christus, unser Herr, der unser Leben aus dem Tode reißt. Heiliger Geist, der unser Herz mit Feuer läutert.

Herr, wir danken dir, daß wir dich erwarten können. Wir freuen uns wie auf einen lang ersehnten Besuch. Du hast uns versprochen, wiederzukommen und uns von dem Bösen in dieser Welt und unseren Herzen zu erlösen. Warten auf Erlösung, das ist für viele unter uns die tiefste Sehnsucht. Mit unserer kleinen Kraft können wir uns nicht selbst erlösen. Es muß einer kommen, der stärker ist als alle dunklen Mächte dieser Welt. Wir warten, daß der Himmel sich öffnet und alles von dir verwandelt wird.

Herr, wir bitten dich, daß deine Gemeinde nicht die Geduld verliert, auf dich zu warten, um mit deinem Kommen zu rechnen. Laß uns nicht resignieren, wenn wir die Zeichen deines Wiederkommens nicht erkennen. Wir können uns darauf verlassen, daß du abwischen wirst alle unsere Tränen und Leid, Krankheit und Tod überwinden wirst.

Herr, wir bitten dich für die, die ohne Hoffnung sind. Gib ihnen Zeichen, daß du nicht jenseits und unzugänglich bist, sondern mitten unter ihnen lebst und mit dem Heiligen Geist ihrem Leben Zukunft schenkst.

Herr, wir bitten dich für die, die auf Erlösung warten. Für die, die Verzweiflung quält und deren Hände leer bleiben. Für die, die unheilbar krank sind und keinen Ausweg mehr wissen. Für die, deren Herz schwer und deren Sinn verdunkelt wurde, weil sie Enttäuschung und Leid nicht ertragen konnten.

Ach, Herr, wir seufzen unter der Last des Hasses, der Kriege und der Zerstörung des Lebens. Erlöse uns von dem Bösen, denn du willst das Leben und nicht den Tod.

Herr, erhöre unsere Bitten. Lehre uns erkennen, was dein Wille ist, durch Jesus Christus. Amen.

3. Sonntag im Advent

Wochenspruch
Bereitet dem Herrn den Weg;
denn siehe, der Herr kommt gewaltig.
Jesaja 40,3.10

Kollektengebet
Herr,
barmherziger Vater
und ewiger Gott,
wir bitten dich:

Sende dein Licht
und deine Wahrheit
in unser Leben,
damit wir Weg und Ziel sehen.
Laß uns erkennen,
daß dein Sohn Jesus Christus
unser Weg, unsere Wahrheit und
unser Leben ist.

Erhöre uns durch Jesus Christus,
der mit dir und dem Heiligen Geist
die Macht der Finsternis zerbricht.

Allmächtiger Gott,
du bist Anfang und Ende der Zeit,
von Ewigkeit zu Ewigkeit. Amen.

Lesungen
Psalm 85,9-14
Jesaja 40,1-8(9-11)
1. Korinther 4,1-5
Matthäus 11,2-10

Kirchengebet

Allmächtiger Gott. Du hast Himmel und Erde aus dem Nichts gerufen. Du hast deinen Sohn Jesus Christus Mensch werden lassen. Du hast unsere Herzen durch deinen Heiligen Geist bezwungen.

Herr, wir danken dir, daß du immer wieder Menschen berufst, die den Weg für dein Kommen bereiten. Alles in dieser Welt ist vergänglich, aber das Wort deiner Verheißung bleibt ewig. Wenn du wiederkommst, dann geschieht dies in Stille. Du kommst nicht mit Gewalt, sondern mit Liebe, die tröstet und heilt, was zerbrochen ist. An dem Tag, an dem das Ende der Welt eintrifft, wirst du richten die Lebenden und die Toten. Das sollen wir nicht vergessen und nicht verschweigen, wenn andere nach unserer Hoffnung und Zukunft fragen.

Herr, wir bitten dich, laß uns nicht blind sein für dein Wort. Mache uns zu Boten deiner Wiederkunft. Schenk uns Vertrauen in deine Macht, die alles überwindet, was uns von dir trennen will. Nimm von uns alle Angst, die uns lähmt und an der Begegnung mit dir hindert.

Herr, wir bitten dich für alle, die Ausschau halten nach den Boten des Heils. Sie haben die vielen Versprechungen der Macher satt, deren Worte oft nur Lüge sind. Sie warten auf Hilfe und hoffen auf Zeichen der Erlösung. Die falschen Propheten und Zukunftsdeuter, die Verführer der Jugend, die Leichtfertigen, die Menschen unterhalten, bringen Unterdrückung, aber keine befreiende Botschaft. Herr, sende Boten, die uns auf dein Kommen vorbereiten.

Herr, wir legen alles in deine Hände im Vertrauen darauf, daß du unser Leben führst, durch Jesus Christus. Amen.

4. Sonntag im Advent

Wochenspruch
Freuet euch in dem Herrn allewege, und abermals sage ich: Freuet euch! Der Herr ist nahe!
Philipper 4,4-5

Kollektengebet
Herr,
allmächtiger und ewiger Gott,
wir bitten dich:

Gib uns Geduld im Warten
auf dich.
Entzünde in uns die Sehnsucht
nach deiner Nähe.
Erlöse uns von dem Bösen.

Erhöre uns
durch Jesus Christus,
der mit dir und dem Heiligen Geist
alle Tränen in Freude verwandelt.

Allmächtiger Gott,
du bist Anfang und Ende der Zeit,
von Ewigkeit zu Ewigkeit. Amen.

Lesungen
Psalm 102,17-23
Jesaja 52,7-10
Philipper 4,4-7
Lukas 1,(39-45)46-55(56)

Kirchengebet
Ewiger Gott, gütiger Vater im Himmel, du bist uns nahe im Wort deines Sohnes Jesus Christus. Du lenkst unsere Gedanken durch die Kraft deines Heiligen Geistes.

Herr, wir danken dir für die Freude, die uns erfüllt, wenn du uns nahe kommst. Du verwandelst unsere Trauer in Freude und unser kaltes Herz in die Glut der Liebe. Du hast uns aus dem Land des Elends geführt und zeigst uns das Land des Lebens. Du stößt die Mächtigen von ihrem Thron und erhebst die Niedrigen. Die Stolzen verwirrst du, die Hungrigen speist du, und die Geizigen läßt du leer ausgehen. Es ist ein großes Geschenk, daß die Freude unser Herz weit macht und unseren Mund zum Loben bringt.

Herr, wir bitten dich für die, denen das Lachen vergangen ist und die ihre Freude verloren haben. Ihre Sorgen erdrücken sie, und ihre Suche nach dem Glück hat sie ermüdet. Wir bitten dich für die Überforderten, Enttäuschten, Unzufriedenen, Friedlosen und Unbeweglichen. Der Geist deiner Liebe möge sie wieder mit Mut und Hoffnung erfüllen.

Herr, wir bitten dich für die, die keine Kraft mehr haben, die müde und taub für gute Worte geworden sind. Gib ihrer Seele neue Kraft, damit ihre Schwermut sie nicht in die Tiefe zieht. Herr, befreie sie und uns zur Freude des Herzens und zur Güte anderen gegenüber.

Herr des Lebens, im Vertrauen auf dich, auf deine Barmherzigkeit und Güte, gehen wir getrost unseren Weg, durch Jesus Christus. Amen.

Weihnachten

An den Christfesttagen werden wir an das Geheimnis der Menschwerdung Gottes in Jesus Christus erinnert: »Und an den einen Herrn Jesus Christus, Gottes eingeborenen Sohn, aus dem Vater geboren vor aller Zeit... Für uns Menschen und zu unserem Heil ist er vom Himmel gekommen, hat Fleisch angenommen durch den Heiligen Geist von der Jungfrau Maria und ist Mensch geworden« (Nizänisches Glaubensbekenntnis).
Das Geheimnis der Weihnacht liegt in dem kleinen Kind, das Gottes Sohn und der Herr der Welt ist. Der Stall, das Kind, die Krippe – das ist nicht die Art, in der die Mächtigen zur Welt kommen. Aber es ist Gottes unbegreiflicher Weg zum Menschen. Der Schöpfer der Welt wird Mensch, um uns Menschen ganz nahe zu sein!
Weihnacht ist Wende der Zeiten. Die Geburt Christi ist Datum der Verwandlung der alten in eine neue Welt. Die Menschwerdung Gottes schließt uns in diese Verwandlung ein. Wer Gott in dieser Welt finden will, dessen Blick in die Höhe muß umgebrochen werden. Durch diesen Umbruch setzt Gott einen neuen Maßstab: Nicht mehr das Hohe, sondern das Niedrige zählt. Oder müssen erst Propheten mit den Sturmschwingen der Ewigkeit hineinfahren, um den Gehörgang des Menschen aufzubrechen?
So ist Weihnachten: Gott in Sicht. Krippe und Kreuz sagen: Gott ist verborgen in einem Menschen. Der Blick zum Sternenzelt, hinter dem ein lieber Vater wohnen muß, wird umgebrochen auf den Boden, auf die Erde. Der ewig über uns waltende Gott ist unter uns zu finden.
Ist das nicht Grund zur Verwunderung? Gott offenbart sich uns in menschlicher Gestalt. Er begibt sich aus der Höhe in die Tiefe, aus dem Himmel auf die Erde. Er setzt sich den philosophischen und theologischen Lehrsystemen aus. Gott offenbart sich nicht als der Allgegenwärtige und Allmächtige, sondern als der in die menschliche Ohnmacht eingehende Christus. Er offenbart sich nicht mit Gewalt, sondern mit Liebe.

Heiliger Abend

Wochenspruch
Das Wort ward Fleisch und wohnte unter uns,
und wir sahen seine Herrlichkeit.
Johannes 1,14

Kollektengebet
Herr,
heiliger Gott,
wir bitten dich:

Berühre uns mit dem Wunder
dieser heiligen Nacht,
in der du den Himmel öffnest.
Sende deinen Sohn
als Licht in die Welt.
Erleuchte unsere Herzen.
Laß uns das Geheimnis dieser Nacht
staunend anbeten.

Erhöre uns durch Jesus Christus,
der mit dir und dem Heiligen Geist
diese Welt erlösen wird.

Allmächtiger Gott,
du bist Anfang und Ende der Zeit,
von Ewigkeit zu Ewigkeit. Amen.

Lesungen
Psalm 2
Jesaja 9,1-6; Hesekiel 37,24-28; 1. Mose 2,15 - 3,24
Römer 1,1-7; Titus 2,11-14
Lukas 2,7-20; Matthäus 1,1-25

Kirchengebet

Gelobt seist du, Gott des Himmels und der Erde! Du hast deinen Sohn Jesus Christus vom Tode erweckt und uns das Licht des Lebens geschenkt. Du läßt das Feuer des Geistes vom Himmel in unsere Herzen fallen.

Herr, wir danken dir für das Geheimnis dieser Nacht, in welcher sich der Himmel öffnet und du zu uns Menschen kommst. Du hast den Engel zu den Hirten auf dem Feld gesandt. Er hat das Licht des Himmels in die dunkle Welt getragen. Die einfachen Hirten haben begriffen, was in dieser Nacht geschah. In dem Kind von Bethlehem ist der Friede der Welt erschienen. Wir kommen zu dir in den Stall und zur Krippe. Wir liegen in tiefster Todesnacht, aber du bist unsere Sonne, die Licht, Leben und Freude in unser Herz bringt. Noch manche dunkle Nacht wird über uns kommen, aber wir sind nicht mehr allein, denn der Stern von Bethlehem geht mit uns.

Herr, wir bitten dich für alle, die gerade an diesem Abend und in dieser Nacht unter den dunklen Schatten ihres Lebens leiden. Wo andere fröhlich feiern, werden sie von Schwermut überfallen und die Einsamkeit legt sich schwer auf ihre Seele.

Herr, wir bitten dich für alle, die heute nichts von der Botschaft des Engels an die Hirten erfahren; die noch im Dunkeln wandern und auf das Licht des Lebens warten. Laß sie das Licht des Himmels erblicken und das Kind von Bethlehem finden.

Herr, wir bitten dich für die, die in Unfreiheit leben und unter den Folgen von Krieg und Not leiden.

Wir bitten dich für die, die in dieser Nacht vor Hunger sterben, weil sie nichts zu essen haben. Öffne du unsere Herzen in dieser Nacht und laß uns den Frieden weitertragen, den der Engel uns verkündet hat.

Herr, du bist das Licht der Welt und die Hoffnung unseres Lebens. Wir vertrauen dir alles an und verlassen uns auf Jesus Christus. Amen.

Das heilige Christfest –
1. Feiertag: Tag der Geburt des Herrn

Wochenspruch:
Das Wort ward Fleisch und wohnte unter uns,
und wir sahen seine Herrlichkeit.
Johannes 1,14

Kollektengebet
Herr,
allmächtiger Gott,
wir bitten dich:

Laß uns dein Wort verstehen.
Wecke die glühende Liebe
deiner Barmherzigkeit in uns,
damit dein Licht durch uns scheine.
Entzünde in uns
ein brennendes Feuer.

Erhöre uns
durch Jesus Christus,
der mit dir und dem Heiligen Geist
Licht und Wort bringt.

Allmächtiger Gott,
du bist Anfang und Ende der Zeit,
von Ewigkeit zu Ewigkeit. Amen.

Lesungen
Psalm 96
Micha 5,1-4a; Jesaja 7,10-14
Titus 3,4-7
Lukas 2,(1-14)15-20

Kirchengebet

Allmächtiger Gott, Vater unseres Herrn Jesus Christus, du hast alles Sichtbare und Unsichtbare geschaffen. Du erhältst alles nach deinem Willen mit der Macht des Heiligen Geistes.

Herr, wir danken dir für diesen Tag, an dem wir die Geburt deines Sohnes feiern. In der Mitte der Nacht ist er zur Welt gekommen. Das Kind von Bethlehem ist der Anfang eines neuen Tages, mit dem du unser ganzes Leben verändern willst. Es ist nicht nur damals auf dem Feld von Bethlehem bei den Hirten hell geworden. Es wird auch heute hell in unseren Herzen. Wir freuen uns über dieses Wunder deiner Liebe zu uns und stimmen in den Jubel der Engel mit ein: Ehre sei Gott in der Höhe und Friede auf Erden!

Herr, wir bitten dich für die, die nicht in diesen Jubel mit einstimmen können. Für alle, die nicht Frieden in diese Welt tragen, sonden Haß; die nicht ihr Herz für die Liebe öffnen, sondern verkrampft nur an sich denken.

Herr, wir bitten dich, komme zu uns als der Retter der Welt. Du willst Unheil abwenden und deine ganze Schöpfung zu einem guten Ziel führen. Gib uns die Erkenntnis, daß das Heil dieser Welt und unseres Lebens allein von dir kommt.

Herr, wir bitten dich für alle, die besondere Verantwortung in Politik und Gesellschaft tragen. Schenk ihnen das Licht des Himmels, damit sie auf der Erde das Richtige entscheiden. Herr, laß uns nicht vergessen, daß mit der Geburt deines Sohnes Jesus Christus alles in unserem Leben neu werden kann.

Herr, Licht des Himmels und der Erde, laß uns tun, was dein Wille über unserem Leben ist. Bewahre und behüte uns durch Jesus Christus. Amen.

Das heilige Christfest – 2. Feiertag

Wochenspruch
Das Wort ward Fleisch und wohnte unter uns,
und wir sahen seine Herrlichkeit.
Johannes 1,14

Kollektengebet
Herr,
allmächtiger Gott,
Vater aller Menschen,
wir bitten dich:

Verleihe uns die Gewißheit,
daß wir durch deinen Sohn Jesus Christus
frei geworden sind.
Laß uns ihm nachfolgen als
dem Bild des neuen Menschen.

Erhöre uns
durch Jesus Christus,
der mit dir und dem Heiligen Geist
unser Leben erlöst hat.

Allmächtiger Gott,
du bist Anfang und Ende der Zeit,
von Ewigkeit zu Ewigkeit. Amen.

Lesungen
Psalm 95
Jesaja 11,1-9
Hebräer 1,1-6
Johannes 1,1-14

Kirchengebet

Liturg: Lasset uns beten zu Gott, dem Schöpfer des Himmels und der Erde, dem Vater unseres Herrn Jesus Christus, und zu dem Geist, der unser Leben heiligt:
Alle: Herr, erbarme dich unser!

Liturg: Herr, wir danken dir, daß du durch dein Wort alles geschaffen hast und auch in Zukunft erhalten willst. In deinem Wort ist das Leben, und das Leben ist das Licht der Menschen. Es ist Jesus Christus. Er wurde in dieser Welt geboren, damit wir deine Güte und deine Liebe zu uns erkennen können. Wenn wir ihn annehmen, werden wir deine Kinder sein, die am Licht des Lebens teilhaben.

Herr, wir bitten dich, verdunkle unser Herz nicht. Laß nicht böse Gedanken zu, die Unfriede, Krieg und Terror in die Welt bringen. Du hast Frieden verkündet und die Rettung aller Verlorenen. Durchbrich den tödlichen Kreislauf von Haß und Zerstörung, von Gleichgültigkeit und Verachtung. Wir rufen zu dir:
Alle: Herr, erbarme dich unser!

Liturg: Wir bitten dich um Verständigung unter den Völkern, damit sie sich nicht bedrohen und vernichten. Bezwinge die Angst, die Gewalt und Verblendung unter den Menschen auslöst. Laß uns mit Gedanken des Friedens und der Gerechtigkeit aufeinander zugehen. Wir rufen zu dir:
Alle: Herr, erbarme dich unser!

Liturg: Wir bitten dich um die Demut und Einfalt der Hirten, denen du das Geheimnis der Weihnacht zuerst verkündet hast. Die Demut führt uns zur Krippe. Sie läßt uns das Unscheinbare achten und nicht die Mächte dieser Welt verehren. Laß uns den Menschen in seiner Not erkennen, damit wir ihm mit einem Herzen voller Liebe begegnen. Laß uns unseren Stolz und Hochmut ablegen und dich als den Retter der Welt preisen. Wir rufen zu dir:
Alle: Herr, erbarme dich unser!

Liturg: Herr, wir loben und preisen dich mit Herz und Mund durch Jesus Christus. Amen.

1. Sonntag nach dem Christfest

Wochenspruch
Das Wort ward Fleisch und wohnte unter uns,
und wir sahen seine Herrlichkeit.
Johannes, 1,14

Kollektengebet
Herr,
großer Gott
und lieber Vater,
wir bitten dich:

Erleuchte unsere Herzen und Sinne,
damit wir erkennen können,
was dein Wille ist.
Gib uns das rechte Wort zur Zeit
und Barmherzigkeit zu unseren Werken.

Erhöre uns
durch Jesus Christus,
der mit dir und dem Heiligen Geist
unser Leben mit
neuem Sinn erfüllt.

Allmächtiger Gott,
du bist Anfang und Ende der Zeit,
von Ewigkeit zu Ewigkeit. Amen.

Lesungen
Psalm 71
Jesaja 49,13-16
1. Johannes 1,1-14
Lukas 2,22-40

Kirchengebet

Großer Gott, Herr allen Lebens! Durch Jesus Christus hast du die Welt errettet. Durch deinen Heiligen Geist regierst du die Herzen der Menschen.

Herr, wir danken dir, daß das Licht der Weihnacht und der Stern von Bethlehem mit uns weitergehen. Noch sind wir erfüllt von dem Geheimnis dieser Tage, in denen wir den Himmel ein wenig geöffnet sehen konnten. Durch die Jahrhunderte wurde es bezeugt und verkündigt, was einst die Hirten hörten und sahen: »Euch ist heute der Heiland geboren!« Seitdem müssen wir nicht mehr allein sein. Christus, du gehst mit uns, du heilst das Zerbrochene und willst das Verlorene retten.

Herr, wir bitten dich, laß uns dieses Licht und diese Hoffnung nicht vergessen, wenn die Schatten dieser Welt sich ausbreiten. Die Schatten des Bösen und die Schatten des Todes umgeben uns. Unsere Seele ist dann zu Tode betrübt, und unser Herz ist ohne Hoffnung. Erhalte in uns das Licht der Weihnacht wie eine Glut, die immer wieder zu einem Feuer der Liebe und Gerechtigkeit entfacht wird.

Herr, wir bitten dich, laß dein Licht in dieser dunklen Nacht nicht verlöschen. Entzünde uns durch deinen Geist zu einer Flamme, an der sich andere erwärmen können.

Wir bitten dich für die, die im Schatten ihres Lebens sitzen und im Tal des Todes zittern. Wir bitten dich für die Entmutigten und Verzweifelten, für die Vergessenen und Verachteten. Allen soll dein Licht Freude und Hoffnung bringen. Darum bitten wir dich: Mache uns zu Trägern des Lichts und zu Zeugen deiner großen Wunder.

Herr über Leben und Tod, dein Wort und deine Güte führen uns am Tage und sind Zeichen in der Nacht. Wir vertrauen dir von ganzem Herzen, durch Jesus Christus. Amen.

Altjahrsabend: Silvester

Spruch des Tages
Barmherzig und gnädig ist der Herr,
geduldig und von großer Güte.
Psalm 103,8

Kollektengebet
Herr,
großer Gott,
barmherziger Vater,
wir bitten dich:

Laß uns erkennen,
daß deine Gedanken und Wege
nicht unsere sind.
Nimm von uns
die Last des alten Jahres
und führe uns
an deiner Hand in das neue.

Erhöre uns durch Jesus Christus,
der mit dir und dem Heiligen Geist
den Lauf der Zeit bestimmt.

Allmächtiger Gott,
du bist Anfang und Ende der Zeit,
von Ewigkeit zu Ewigkeit. Amen.

Lesungen
Psalm 121
Jesaja 30,8-17
Römer 8,31-39
Lukas 12,35-40

Kirchengebet

Liturg: Großer Gott, deine Wege sind unerforschlich und deine Wunder unermeßlich. Dein Sohn Jesus Christus ist der Retter der Welt, die dich verloren hat. Dein Geist ist es, der unsere Herzen verwandelt.

Herr, wir danken dir am Ende dieses Jahres für jeden Tag, den wir deiner Güte zu verdanken haben. Du bist von Ewigkeit zu Ewigkeit. Tausend Jahre sind bei dir wie ein Tag. Unsere Zeit liegt in deinen Händen. Alles, was wir an Gutem und Schwerem, an Traurigem und Fröhlichem, an Schmerz und Freude, an Sinnvollem und Unverständlichem erfahren haben, bringen wir dir heute abend zurück. Wir danken dir, daß du uns bis in diese Stunde geführt hast. Oft haben wir gegen deinen Willen gehandelt. Nimm von uns die Last dieses Jahres. Mache uns frei für das Neue. Wir rufen zu dir:
Alle: Herr, erbarme dich unser!

Herr, wir bitten dich, vergib uns alle Schuld, die wir auf uns geladen haben. Wir haben anderen Menschen Unrecht zugefügt. Wir sind ungeduldig und lieblos gewesen. Wir haben unser Herz dem verschlossen, der auf ein Zeichen der Zuneigung und Ermutigung gewartet hat. Wir rufen zu dir:
Alle: Herr, erbarme dich unser!

Liturg: Herr, wir bitten dich für alle Menschen, die uns im besonderen anvertraut sind. Du hast uns als Eheleute, Familien und als Verwandte und Freunde auch in diesem Jahr ein Stück gemeinsam gehen und wachsen lassen. Nicht alles ist gelungen, manches haben wir versäumt. Wir rufen zu dir:
Alle: Herr, erbarme dich unser!

Liturg: Herr, geleite du uns über die Schwelle zum neuen Jahr. Die Jahre vergehen, aber du bleibst von Ewigkeit zu Ewigkeit. Wenn uns das Licht des neuen Tages umfängt, dann dürfen wir wissen: Du gehst mit uns durch alle Zeiten.

Herr, du bist der Grund unseres Lebens. Du bist das Licht unserer Seele. Laß es in uns und in dieser Welt durch Jesus Christus hell werden. Amen.

Neujahrstag

Spruch des Tages
Alles, was ihr tut mit Worten oder mit Werken,
das tut alles im Namen des Herrn Jesus
und dankt Gott, dem Vater, durch ihn.
Kolosser 3,17

Kollektengebet
Herr,
allmächtiger, ewiger Gott,
gütiger Vater im Himmel,
wir bitten dich:

Behüte uns
an jedem neuen Tag,
den du uns schenkst.
Laß uns annehmen,
was dein Wille ist.

Erhöre uns
durch Jesus Christus,
der mit dir und dem Heiligen Geist
uns zum wahren Leben ruft.

Allmächtiger Gott,
du bist Anfang und Ende der Zeit,
von Ewigkeit zu Ewigkeit. Amen.

Lesungen
Psalm 8
Josua 1,1-9; 1. Mose 17,1-8
Jakobus 4,13-15; Galater 3,23-29
Lukas 4,16-21; Lukas 2,21

Kirchengebet

Gott, wir loben und preisen dich für deine Liebe, mit der du uns in Jesus Christus begegnest. Du berührst unser Herz und erneuerst unseren Sinn durch die Kraft deines Heiligen Geistes.

Herr, wir danken dir am Morgen dieses Tages und am Anfang dieses neuen Jahres. Wir wissen nicht, was kommt, aber wir sind in deinen Händen geborgen.

Herr, wir bitten dich um Einsicht, daß wir die geschenkte Lebenszeit sinnvoll nutzen. Unsere Zeit fliegt dahin. Keiner von uns kann das Rad der Geschichte und das der Lebenszeit aufhalten. Vieles ist nicht zu wiederholen. Darum gib uns den rechten Verstand, das Notwendige zu tun und das Überflüssige zu lassen.

Herr, wir bitten dich für alle, die verzagt und ängstlich in dieses neue Jahr gehen. Für die Kranken und Behinderten, für die Alten und Sterbenden, für die Einsamen und Verlassenen, für die Gefangenen und die Armen. Mache uns bereit, ihnen beizustehen und zu helfen.

Herr, wir bitten dich für die Regierenden und für die in der Politik Verantwortlichen. Gib ihnen Sachverstand und Sinn für das notwendige Maß an Glaubwürdigkeit und ehrliche Bemühung im Dienst am Volk.

Herr, wir bitten dich für deine Kirche in dieser Welt. Laß uns Christen im ökumenischen Geist einander näherkommen und angesichts der Bedrohung des Lebens zusammenhalten. Schenke uns Frieden, verhindere den Wahnsinn der Zerstörung des Menschen und der Natur. Laß uns das Ziel deiner Schöpfung nicht aus den Augen verlieren und das Ende aller unserer irdischen Zeiten bedenken.

Herr, wir vertrauen dir, daß du mit uns auf unseren Wegen gehst und wir dem Tag entgegengehen, an dem dein Sohn Jesus Christus wiederkommt. Amen.

2. Sonntag nach dem Christfest

Wochenspruch
Wir sahen seine Herrlichkeit,
eine Herrlichkeit als des eingeborenen Sohnes
vom Vater, voller Gnade und Wahrheit.
Johannes 1,14

Kollektengebet
Herr,
allmächtiger, gnädiger Gott,
wir bitten dich:

Laß uns erkennen
die Herrlichkeit des Lichtes,
das durch deinen Sohn Jesus Christus
in unser Herz scheinen will.
Überwinde uns und diese Welt
mit dem Geist
deiner Gnade und Wahrheit.

Erhöre uns
durch Jesus Christus,
der mit dir und dem Heiligen Geist
uns das ewige Leben gibt.

Allmächtiger Gott,
du bist Anfang und Ende der Zeit,
von Ewigkeit zu Ewigkeit. Amen.

Lesungen
Psalm 138
Jesaja 61,1-4.9.10.11
1. Johannes 5,11-13
Lukas 2,41-52

Kirchengebet

Allmächtiger, gnädiger Gott, du bist im Himmel, und wir sind auf Erden. Du bist bei uns durch Jesus Christus, deinen Sohn, und durch die Kraft deines Geistes.

Herr, wir danken dir für die frohe Botschaft, die du uns durch Jesus Christus mitteilst. Er ist zu uns gekommen, um denen Hoffnung zu geben, die zerbrochenen Herzens sind; Freiheit denen zu verkünden, die gefangen sind; Befreiung denen zu schenken, die den Göttern dieser Welt verfallen sind; die zu trösten, die traurig und verlassen sind.

Wir danken dir, daß Jesus Christus heilt, was wir zerbrochen haben; Licht bringt, wo Dunkelheit herrscht; Frieden stiftet, wo die Zwietracht zwischen Menschen Unfrieden sät. Jesus Christus ist das Licht der Welt und die Liebe Gottes zu uns.

Herr, wir bitten dich für alle, die noch in der Dunkelheit ihrer Gedanken und in der Verschlossenheit ihres Herzens leben. Für alle, die dein Wort nicht hören wollen und deswegen verstummen müssen, wenn Unbegreifliches in ihrem Leben geschieht. Wir bitten dich, schenk ihnen das Licht des Lebens und das Wort der Erlösung. Laß sie erkennen, daß auch für sie Jesus Christus der Weg in die Wahrheit ihres Lebens ist. Wir bitten dich für alle, die auf Erlösung warten aus aller ihrer Not; die auf Befreiung von ihren Süchten und Abhängigkeiten hoffen; die sich nach Frieden sehnen und nach dem Sinn ihres Lebens fragen. Für alle, die aus der Tiefe ihres Lebens zu dir rufen, bitten wir dich.

Herr, großer und gütiger Gott, du bist unsere Hoffnung und Zuversicht. Wir halten uns an deinen Sohn Jesus Christus, der die Auferstehung und das Leben ist. Amen.

Epiphanias:
Fest der Erscheinung des Herrn

Wochenspruch
Die Finsternis vergeht,
und das wahre Licht scheint jetzt.
1. Johannes 2,8

Kollektengebet
Herr,
Herrscher des Himmels
und der Erde.
Herr aller Völker,
wir bitten dich:

Zeige uns allen
den Stern von Bethlehem.
Führe uns in den Stall, an die Krippe
zu dem neugeborenen König
deines kommenden Reiches.

Erhöre uns
durch Jesus Christus,
der mit dir und dem Heiligen Geist
uns Menschen von unserer Last befreit.

Allmächtiger Gott,
du bist Anfang und Ende der Zeit,
von Ewigkeit zu Ewigkeit. Amen.

Lesungen
Psalm 72
Jesaja 60,1-6
Epheser 3,2-3a.5-6
Matthäus 2,1-12

Kirchengebet

Gelobt seist du, Gott des Himmels und der Erde! Du hast deinen Sohn Jesus Christus vom Tode erweckt und uns das Licht des Lebens geschenkt. Du läßt das Feuer des Geistes vom Himmel in unser Herz fallen.

Herr, wir danken dir, daß du das Licht der Welt bist. Seit du unter uns bist, leben wir unter einem guten Stern. Du bist wie die Sonne am Morgen, die die Dunkelheit der Nacht verdrängt. Du leuchtest am Tag und erwärmst mit deinen Strahlen unser Herz. In der Nacht leuchtest du wie ein Stern, der uns den Weg zum Ziel weist. Wir danken dir, daß du auch Wege denen zeigst, die dir fern und fremd sind. Es ist ein großes und überwältigendes Geheimnis, daß dein Licht in den Herzen der Menschen zu leuchten beginnt, denen du begegnest.

Herr, wir bitten dich um das Licht des Lebens. Es soll uns erleuchten und wie den Weisen aus dem Morgenland den Weg nach Bethlehem zeigen. Gib uns die Demut der Könige, die auf die Knie gesunken sind und dich im Stall angebetet haben. Sie hatten erkannt, daß du der wahre Herr und König dieser Welt bist.

Wir bitten dich für alle, die in den vielen Dunkelheiten ihres Lebens gefangen sind und unter ihnen leiden. Für die Hungernden und Unterdrückten, für die Benachteiligten und für die Süchtigen, für die Unglücklichen und die Hoffnungslosen, für die Einsamen und Trauernden, für die Erschöpften und Ruhelosen, für die Enttäuschten und für die Verzweifelten. Mache uns zu Boten deines Lichtes in ihrer dunklen Welt. Laß uns ein wenig von dem Licht ausstrahlen, mit dem du unser eigenes Leben erhellt hast.

Herr über Leben und Tod, dein Wort und deine Güte führen uns am Tage und sind Zeichen in der Nacht. Wir vertrauen dir von ganzem Herzen, durch Jesus Christus. Amen.

Nach Epiphanias

Epiphanie ist die Erscheinung des göttlichen Lichts in Jesus Christus in der Finsternis dieser Welt: »Gott von Gott, Licht vom Licht, wahrer Gott vom wahren Gott« (Nizänisches Glaubensbekenntnis).

Eine neue Macht bestimmt seit der Erscheinung des Sterns von Bethlehem den Lauf der Weltgeschichte. Es ist nicht die Macht, die an den Börsen der Welt regiert, die Paläste und Elendsviertel schafft, nicht die Macht, die sich auf Gewehre und Kanonen stützt, sondern eine Macht, die Herzen und Sinne zur Demut verwandelt, zur Hingabe und zum Leiden. Vor dieser Macht sinken die hochgelehrten Männer aus Babylon auf die Knie. Dieser neugeborene König will das Reich der Gewalt und des Todes durch ein Reich der Liebe und Barmherzigkeit verdrängen.

Es ist die Gemeinde Jesu Christi, die wider alle Hoffnungslosigkeit auf diese Zukunft der Welt hinlebt: »Mache dich auf, werde Licht; denn dein Licht kommt, und die Herrlichkeit des Herrn geht auf über dir. Denn siehe, Finsternis bedeckt das Erdreich und Dunkel die Völker, aber über dir geht auf der Herr, und seine Herrlichkeit erscheint über dir!« (Jesaja 60,1-2). Proklamiert wird das Ende aller Tyrannei. Erwartet wird der große Umbruch. Gott hat begonnen, diese Welt zu verändern. Gott kommt zu uns in diesem Kinde. Das Wort ward Fleisch, sagt der Evangelist Johannes. Fleisch, das heißt Existenz, menschliche Existenz. Gott begibt sich ins Menschliche.

Auch heute noch ist Christus im Herzen der Menschen. Er ist nicht eine Gestalt, die hinter einer Nebelwand verborgen ist. Das Geheimnis der Menschwerdung Gottes findet heute in den Herzen der Menschen statt. Von Generation zu Generation! Wo er in unser Leben eingebrochen ist, geschieht Veränderung. Die große Freude ist, daß nicht alles beim alten bleibt, sondern alles neu werden soll.

1. Sonntag nach Epiphanias

Wochenspruch
Welche der Geist Gottes treibt,
die sind Gottes Kinder.
Römer 8,14

Kollektengebet
Herr,
unser Vater im Himmel,
wir bitten dich:

Erscheine uns
in deiner großen Liebe.
Du hast diese Welt
aus dem Dunkel geholt.
Gib, daß wir Ausschau nach
deinem Licht halten.

Erhöre uns
durch Jesus Christus,
der mit dir und dem Heiligen Geist
uns den Weg zum Licht weist.

Allmächtiger Gott,
du bist Anfang und Ende der Zeit,
von Ewigkeit zu Ewigkeit. Amen.

Lesungen
Psalm 89
Jesaja 42,1-9
Römer 12,1-8
Matthäus 3,13-17

Kirchengebet
Allmächtiger, ewiger Gott, du bist in deinem Sohn Jesus Christus zu uns gekommen. Du lehrst und tröstest uns durch die Kraft des Heiligen Geistes.

Herr, wir danken dir, daß dein Geist Menschen aus unserer Mitte in deinen Dienst ruft. Wir alle sind deine Kinder, um die du dich sorgst und die du liebst. Du hast deinen Sohn Jesus Christus durch die Taufe zum Zeugen deiner Herrlichkeit und Macht berufen. Er hat uns deine Liebe verkündigt und sein Leben für uns zur Versöhnung mit dir gegeben. Wie die Taufe am Jordan ihn mit deinem Geist erfüllte, so willst du auch uns mit deinem Geist zu deinen Kindern machen.

Herr, wir bitten dich um deinen Geist, daß er uns als Boten deiner Liebe und zu Zeugen deiner Wahrheit in diese Welt sendet. Verleihe uns den Geist, der alle Angst überwindet, weil er sich allein auf dich verläßt.

Gib uns den Geist, der uns Mut macht, für die zu sprechen, deren Mund vor Furcht verschlossen bleibt. Für die, die ungerecht behandelt und von anderen schamlos ausgenutzt werden. Für die, deren Rücken krumm unter der Last der Arbeit und deren Herz schwer unter dem Leid geworden ist.

Gib uns den Geist, der uns fähig macht, für die dazusein, die uns brauchen: für die Schwachen und Hilflosen, für die Kranken und Leidenden, für die Blinden und Stummen. Für alle, die dein Licht zum Leben und deine Liebe zum Atmen nötig haben.

Erhöre unser Gebet, barmherziger Gott und Vater, durch unseren Herrn Jesus Christus. Amen.

2. Sonntag nach Epiphanias

Wochenspruch
Das Gesetz ist durch Mose gegeben;
die Gnade und Wahrheit ist durch Jesus Christus
geworden.
Johannes 1,17

Kollektengebet
Herr,
allmächtiger
und ewiger Gott,
wir bitten dich:

Bewahre uns den Frieden,
der unser Herz verändert.
Gewähre uns den Frieden,
der diese Welt vor dem Sturz
in die Tiefe bewahrt.
Mache uns zum Werkzeug
deines Friedens.

Erhöre uns durch Jesus Christus,
der mit dir und dem Heiligen Geist
uns in das Reich des Friedens führen will.

Allmächtiger Gott,
du bist Anfang und Ende der Zeit,
von Ewigkeit zu Ewigkeit. Amen.

Lesungen
Psalm 105
2. Mose 33,17-23
Römer 12,(4-8)9-16
Johannes 2,1-11

Kirchengebet

Allmächtiger, barmherziger Gott, lieber Vater im Himmel. Jesus Christus, unser Herr, der unser Leben aus dem Tod reißt. Heiliger Geist, der unser Herz mit Feuer erleuchtet.

Herr, wir danken dir, daß du gnädig und barmherzig und von großer Güte und Geduld bist. Du bist ein Gott, der uns nahe ist, auch wenn wir dich nicht sehen. In deinem Sohn Jesus Christus bist du zu uns gekommen, damit wir nicht mehr allein sind. Herr, du willst unser Leben verwandeln, damit aus Gleichgültigkeit Liebe und aus Eigensucht Hingabe wird. Du läßt uns fröhlich sein angesichts der Gewißheit, daß unser Leben nicht verloren, sondern bei dir geborgen ist. Du willst uns helfen, wo wir aufgeben. Du bist auch dann bei uns, wenn wir meinen, wir wären allein.

Herr, wir bitten dich für deine Gemeinde, in die du viele mit verschiedenen Gaben und Fähigkeiten berufen hast. Gib denen Vollmacht, die dein Wort zu verkündigen haben. Schenke denen Mut zum Dienen, die sich seelisch und körperlich Leidenden zuwenden. Verleihe Geduld und Liebe denen, die andere lehren und unterrichten. Gib Weisheit denen, die andere ermahnen. Die, die für Verwaltung und Ordnung in deiner Gemeinde zuständig sind, laß ihre Aufgaben sorgfältig erfüllen.

Herr, wir bitten dich für die Gemeinschaft unter uns. Laß uns aufrichtig miteinander umgehen, das Böse hassen und das Falsche meiden! Laß uns fröhlich in Hoffnung, geduldig in Trübsal und beständig im Gebet sein! Gib uns die Fähigkeit, gastfreundlich zu sein, fröhlich mit den Fröhlichen und traurig mit den Weinenden. Laß uns bescheiden sein und nicht hochmütig werden. Nicht Böses mit Bösem vergelten. Laß uns untereinander im Frieden leben.

Herr, erhöre unsere Bitten. Lehre uns erkennen, was dein Wille ist, durch Jesus Christus. Amen.

3. Sonntag nach Epiphanias

Wochenspruch
Es werden kommen von Osten und von Westen
von Norden und von Süden,
die zu Tisch sitzen werden im Reich Gottes.
Lukas 13,29

Kollektengebet
Herr,
allmächtiger
und ewiger Gott,
wir bitten dich:

Behüte uns in unserer Schwachheit.
Schütze uns
vor den Versuchungen des Bösen.
Stärke unser Herz
und ordne unsere Sinne.

Erhöre uns
durch Jesus Christus,
der mit dir und dem Heiligen Geist
uns nicht allein läßt.

Allmächtiger Gott,
du bist Anfang und Ende der Zeit,
von Ewigkeit zu Ewigkeit. Amen.

Lesungen
Psalm 86
2. Könige 5,1-19a
Römer 1,14-17
Matthäus 8,5-13

Kirchengebete

Allmächtiger Gott! Du hast Himmel und Erde aus dem Nichts gerufen. Du hast deinen Sohn Jesus Christus Mensch werden lassen. Du hast unsere Herzen durch deinen Heiligen Geist bezwungen.

Herr, wir danken dir, daß du alle an deinen Tisch lädst. Jeder, der deinen Ruf hört, kann zu dir kommen. Dein Wort ist unseres Fußes Leuchte und ein Licht auf unserem Wege. Dein Wort tröstet, heilt und macht unsere Seele gesund. Oft sind die, die dir noch fernstehen, dir näher als die Selbstsicheren. Es kommt dir auf die Sehnsucht des Herzens nach dem Reich Gottes an. Grenzenlos ist oft das Vertrauen der Menschen, die wirklich Hilfe von dir erwarten. Herr, du hast Worte des ewigen Lebens, die tragen und helfen.

Herr, wir bitten dich, schenke uns Worte, die dein Licht in dieser Welt vermehren. Mache uns zu Jüngern, die deine Liebe zu den Menschen ernst nehmen und eine Gemeinschaft bilden, die Zuflucht für Suchende und Zweifelnde ist.

Herr, wir bitten dich für alle Menschen dieser Welt, die in äußerer Not und in der Verzweiflung des Herzens leben müssen. Wir bitten dich für die Kranken und Hungernden, für die Elenden und Klagenden.

Herr, wir bitten dich für alle Kinder dieser Welt, denen Gewalt angetan wird und die an Hunger sterben müssen. Überwinde unseren todbringenden Egoismus und mache uns frei zur Sorge um deine geliebten Kinder. Verwandele unser geiziges Herz in eine Quelle überströmender Liebe. Sprich nur ein Wort in unsere dunkle Seele, damit sie das Licht deiner Liebe und Barmherzigkeit erkenne. Laß uns alle an deinem Tisch das Brot des Lebens teilen.

Herr, wir legen alles in deine Hände, im Vertrauen darauf, daß du unser Leben führst, durch Jesus Christus. Amen.

4. Sonntag nach Epiphanias

Wochenspruch
Kommt her und sehet an die Werke Gottes,
der so wunderbar ist in seinem Tun
an den Menschenkindern.
Psalm 66,5

Kollektengebet
Herr,
allmächtiger, ewiger Gott,
wir bitten dich:

Bewahre uns vor den Gefahren,
die unser Leben täglich bedrohen.
Gib uns den Mut und das Vertrauen,
immer auf dich zu hoffen.

Erhöre uns
durch Jesus Christus,
der mit dir und dem Heiligen Geist
die Furcht unseres Herzens
in Glauben verwandelt.

Allmächtiger Gott,
du bist Anfang und Ende der Zeit,
von Ewigkeit zu Ewigkeit. Amen.

Lesungen
Psalm 107
Jesaja 51,9-16
2. Korinther 1,8-11
Markus 4,35-41

Kirchengebet

Ewiger Gott, gütiger Vater im Himmel, du bist uns nahe im Wort deines Sohnes Jesus Christus. Du lenkst unsere Gedanken durch die Kraft deines Heiligen Geistes.

Herr, wir danken dir für die Erde, die Welten und Sonnensysteme, die du nach einer geheimen Ordnung geschaffen hast. Inmitten deiner unendlichen Schöpfung liegt unsere kleine Erde, umgeben von Sonne, Mond und Sternen. Das Licht erhellt unser Leben; die Luft gibt uns den Atem des Leibes, und die Ruhe der Nacht stärkt Leib und Seele. Deine Wunder sind so groß, daß unser Verstand sie nicht fassen kann. Einst hast du die dunklen Mächte vertrieben. Doch immer wieder brechen sie plötzlich durch und bedrohen unser Leben. Du aber bist auch Herr der Naturkräfte. Wer sich dir anvertraut, ist in allen Ängsten geborgen.

Herr, wir bitten dich, nimm von uns die Furcht unseres Herzens und die Angst unserer Seele. Bewahre uns vor den Schatten des Bösen und vor den Kräften der Zerstörung. Wir werden bedrängt von Ereignissen, die unser Leben so bedrohen, daß wir oft keinen Ausweg mehr sehen. Da sitzen wir wie die Jünger hilflos in dem kleinen Boot unseres Lebens, das im Sturm dieser Welt unterzugehen droht.

Wir bitten dich für uns, die wir in Todesangst leben und weder ein noch aus wissen. Laß uns erfahren, daß du auch in aussichtslosen Lagen bei uns bist. Selbst im Scheitern überläßt du uns nicht der Macht des Todes, sondern erweckst uns von den Toten zum ewigen Leben. Wenn wir meinen, es ist alles aus, dann setzt du dennoch einen neuen Anfang.

Herr, wir bitten dich, erlöse uns von dem Bösen. Nimm von uns die Furcht vor den Menschen. Sie alle müssen wie Gras vergehen. Du aber bleibst der Ewige.

Herr des Lebens, im Vertrauen auf dich, auf deine Barmherzigkeit und Güte, gehen wir getrost unseren Weg, durch Jesus Christus. Amen.

5. Sonntag nach Epiphanias

Wochenspruch
Der Herr wird ans Licht bringen,
was im Finstern verborgen ist,
und wird das Trachten der Herzen offenbar machen.
1. Korinther 4,5

Kollektengebet
Herr,
allmächtiger
und ewiger Gott,
wir bitten dich:

Hilf uns dabei, daß wir
uns nicht selbst suchen,
sondern allein dich.
Zeige uns die Wege,
die uns zu dir und zum Nächsten führen.

Erhöre uns
durch Jesus Christus,
der mit dir und dem Heiligen Geist
unser Leben dem Tod entreißt.

Allmächtiger Gott,
du bist Anfang und Ende der Zeit,
von Ewigkeit zu Ewigkeit. Amen.

Lesungen
Psalm 37
Jesaja 40,12-25
1. Korinther 1,4-9
Matthäus 13,24-30

Kirchengebet

Gelobt seist du, Gott des Himmels und der Erde! Du hast deinen Sohn Jesus Christus vom Tode erweckt und uns das Licht des Lebens geschenkt. Du läßt das Feuer des Geistes vom Himmel in unsere Herzen fallen.

Herr, wir danken dir, daß wir zu dir kommen können. Wir sind nicht allein, denn du bist bei uns alle Tage bis zum Ende der Welt. Du hast diese Welt geschaffen. Du bist der Herr der Geschichte. Anfang und Ende liegen in deiner Hand. Keiner von uns kann die Größe ermessen, die Tiefe ergründen und das Geheimnis begreifen, in denen sich deine Macht widerspiegelt. Du bist oft ein Unbegreiflicher: Völker läßt du groß werden, und bald zerstreust du sie. Du läßt zu, daß Herrscher Menschen auf dieser Erde Furchtbares und Entsetzliches antun. Du stößt aber auch die Gewaltigen vom Thron und erhebst die Niedrigen. Wir wissen, daß durch alle Verworrenheit, die wir Menschen anrichten, das Ziel deiner Schöpfung nicht aufgehalten wird.

Herr, wir bitten dich, laß uns erkennen, daß du allein der Herr der Geschichte bist. Wenn wir Menschen glauben, Geschichte schreiben zu können, dann müssen wir einsehen, daß alles nur eine Zeit hat.

Herr, wir bitten dich für die, die insbesondere für die Geschicke der Volksgruppen, Völker und Länder verantwortlich sind. Lehre sie die Einsicht in ihre Grenzen und gib ihnen Weisheit und Demut. Die irdische Macht in ihrer Hand soll sie nicht zu Hochmut und Ungerechtigkeit verführen, sondern sie für die Verpflichtung zum Dienst am Menschen befähigen.

Wir bitten dich für die, die in dem Wahn leben, sie wären die Herren der Geschichte. Mißtrauen, Wettrüsten und Verblendung bringen Unheil und Unfrieden. Überwinde ihre Angst und befreie sie von dem tödlichen Zwang der Selbsterhaltung und des Egoismus.

Wir bitten dich, mache uns zu Werkzeugen deines Willens, damit wir das Kommen deiner neuen Welt mit offenem Herzen erwarten.

Herr, du bist das Licht der Welt und die Hoffnung unseres Lebens. Wir vertrauen dir alles an und verlassen uns auf Jesus Christus. Amen.

Letzter Sonntag nach Epiphanias

Wochenspruch
Über dir geht auf der Herr,
und seine Herrlichkeit erscheint über dir.
Jesaja 60,2

Kollektengebet
Herr,
Herrscher des Himmels
und der Erde,
wir bitten dich:

Bewahre unser Herz vor der Unruhe,
die diese Welt in Atem hält.
Laß uns nicht ständig
das Neue begehren,
sondern unser Herz
dir zuwenden.

Erhöre uns
durch Jesus Christus,
der mit dir und dem Heiligen Geist
unser Leben zum Dienst bereitet.

Allmächtiger Gott,
du bist Anfang und Ende der Zeit,
von Ewigkeit zu Ewigkeit. Amen.

Lesungen
Psalm 97
2. Mose 3,1-14
2. Korinther 4,6-10
Matthäus 17,1-9

Kirchengebet

Allmächtiger Gott, Vater unseres Herrn Jesus Christus, du hast alles Sichtbare und Unsichtbare geschaffen. Du erhältst alles nach deinem Willen durch die Macht des Heiligen Geistes.

Herr, wir danken dir, daß du das Licht in unsere Dunkelheit lenkst. Nur durch dieses Licht wird es in unserem Herzen wirklich hell: Wir danken dir, daß du uns so viel Licht geben willst, daß wir selbst, obwohl wir schwache und sündige Menschen sind, wieder ein kleines Licht für andere sein können. Es ist tröstlich und gibt uns neue Hoffnung, daß du uns inmitten aller dunklen Täler unseres Lebens nicht allein läßt, sondern ein Licht auf unserem Wege bist.

Herr, wir bitten dich für alle, die wegen ihres Glaubens und ihrer Treue zu dir bedrängt werden. Die einen werden ausgelacht, die anderen verfolgt. Die einen für dumm gehalten, die anderen gefangengenommen, gefoltert und getötet. Gib ihnen das Licht, das sie nicht verzagen läßt in der Dunkelheit. Wir wissen, daß die Geschichte deiner Kirche vom Blut der Märtyrer gezeichnet ist.

Wir bitten dich für alle, die willig dein Kreuz auf sich nehmen. Sie tragen damit auch deinen Tod mit sich, aber zugleich auch das Leben, das durch deine Auferstehung offenbar wurde.

Wir bitten dich um dein Licht des Lebens, das alle Mächte der Finsternis und des Todes überwindet. In deinem Licht wollen wir leben und sterben.

Herr, Licht des Himmels und der Erde, laß uns tun, was dein Wille über unserem Leben ist. Bewahre und behüte uns, durch Jesus Christus. Amen.

Septuagesimä:
3. Sonntag vor der Passionszeit

Wochenspruch
Wir liegen vor dir mit unserm Gebet
und vertrauen nicht auf unsre Gerechtigkeit,
sondern auf deine große Barmherzigkeit.
Daniel 9,18

Kollektengebet
Herr,
allmächtiger und guter Gott,
wir bitten dich:

Sei uns gnädig gesinnt,
die wir Zorn und Strafe
durch unsere Worte
und Taten verdient haben.
Nimm von uns die Schuld,
die uns wie eine Last beschwert.

Erhöre uns
durch Jesus Christus,
der mit dir und dem Heiligen Geist
Liebe und Barmherzigkeit schenkt.

Allmächtiger Gott,
du bist Anfang und Ende der Zeit,
von Ewigkeit zu Ewigkeit. Amen.

Lesungen
Psalm 31
Jeremia 9,22-23
1. Korinther 9,24-27
Matthäus 20,1-16a

Kirchengebet

Großer Gott, Herr allen Lebens. Durch Jesus Christus hast du die Welt errettet. Durch deinen Heiligen Geist regierst du die Herzen der Menschen.

Herr, wir danken dir, daß du gnädig bist und uns nicht nach unseren Leistungen und Fehlern allein beurteilst. Deine Maßstäbe sind andere als unsere. Wer zu dir kommt, erhält die Fülle deiner Güte und Zuwendung. Du willst das Leben aus Liebe und nicht aus dem Gesetz. Gesetze sind notwendig, um die Ordnung unter den Menschen aufrechtzuerhalten. Sie schaffen den Raum für Güte und Liebe, mit denen du uns begegnest, und die unser Leben reich machen. Nicht auf den Besitz, sondern auf unser Herz kommt es an.

Herr, wir bitten dich um die Weisheit, Gnade von Gerechtigkeit, Geschenk von Verdienst, Strafe von Vergebung unterscheiden zu können.

Wir bitten dich um die Demut des Herzens, die nicht fordert, sondern annimmt, was dein Wille ist. Wenn du uns Weisheit schenkst, dann laß uns nicht mehr stolz und hochmütig werden. Die wahre Weisheit liegt darin, dich als den Herrn unseres Lebens zu erkennen. Wenn du uns Stärke gibst, dann laß uns die Schwachen nicht vergessen. Auch die Starken haben Zeiten, wo sie schwach sind. Es ist nicht unser Verdienst, denn du läßt uns stark sein, damit wir anderen in ihrer Anfechtung beistehen können.

Wenn du uns mit den Gütern dieser Welt segnest, wir alles zum Leben haben, was der Leib und die Seele brauchen, dann behüte uns vor dem Egoismus, der andere von diesen Geschenken ausschließen will. Herr, wir vertrauen auf deine Güte und Barmherzigkeit.

Herr über Leben und Tod. Dein Wort und deine Güte führen uns am Tag und sind Zeichen in der Nacht. Wir vertrauen dir von ganzem Herzen, durch Jesus Christus. Amen.

Sexagesimä:
2. Sonntag vor der Passionszeit

Wochenspruch
Heute, wenn ihr seine Stimme hören werdet,
so verstockt eure Herzen nicht.
Hebräer 3,15

Kollektengebet
Herr,
allmächtiger und einziger Gott,
wir bitten dich:

Laß uns nicht auf unser Werk
und unsere Kraft vertrauen,
die unser Leben nicht tragen können.
Bewahre uns vor Selbstgerechtigkeit,
die dich vergißt.

Erhöre uns
durch Jesus Christus,
der mit dir und dem Heiligen Geist
dein Wort verstehen lehrt.

Allmächtiger Gott,
du bist Anfang und Ende der Zeit,
von Ewigkeit zu Ewigkeit. Amen.

Lesungen
Psalm 119,89-91.105.116
Jesaja 55,6-12a
Hebräer 4,12-13
Lukas 8,4-15

Kirchengebet

Großer Gott, deine Wege sind unerforschlich und deine Wunder unermeßlich. Dein Sohn Jesus Christus ist der Retter der Welt, die dich verloren hat. Dein Geist ist es, der unsere Herzen verwandelt.

Herr, wir danken dir für dein Wort. Mit deinem Wort hast du die Welt erschaffen. Mit deinem Wort und mit deinen Geboten läßt du uns erkennen, was wir tun können und wo uns Grenzen gesetzt sind. Dein Wort gibt uns Orientierung und Halt, Trost und Zuversicht. Es ermahnt uns und spricht uns frei. Mit deinem Wort erhältst du deine Schöpfung, und dein Wort schafft am Ende der irdischen Zeit alles neu. Dein Wort berührt unser Herz. Du schreibst dein Wort in unsere Seele, damit es aufgehe und viele gute Früchte bringe.

Herr, wir bitten dich um dein Wort, damit unser Verstand nicht uneinsichtig und unser Herz nicht verstockt bleibt. Wenn uns dein Wort erreicht, laß es nicht untergehen in der Fülle unserer eigenen Gedanken und Worte. Es soll nicht erstickt werden durch Sorgen, Reichtum und Freuden des Lebens. Es soll auch nicht in Vergessenheit geraten, weil wir uns gerne etwas Neuem zuwenden.

Herr, wir bitten dich für alle, die in deinem Namen dein Wort verkündigen. Für die, die mit deinem Wort Traurige trösten, Kranke aufrichten, Einsame ermuntern und Hoffnungslose ermutigen wollen.

Herr, wir bitten dich um das rechte Wort zur rechten Zeit, damit wir nicht stumm bleiben, wo wir reden sollten; aber auch schweigen können, wo du selbst reden willst.

Herr, du bist der Grund unseres Lebens. Du bist das Licht unserer Seele. Laß es in uns und in dieser Welt durch Jesus Christus hell werden. Amen.

Estomihi:
Sonntag vor der Passionszeit

Wochenspruch
Seht, wir gehen hinauf nach Jerusalem,
und es wird alles vollendet werden,
was geschrieben ist durch die Propheten
von dem Menschensohn.
Lukas 18,31

Kollektengebet
Herr,
barmherziger Gott und Vater,
wir bitten dich:

Löse uns von der Gewalt des Bösen,
der uns in die Irre führt.
Laß uns allein auf Christus vertrauen,
der uns den rechten Weg zeigt.

Erhöre uns
durch Jesus Christus,
der mit dir und dem Heiligen Geist
die Macht des Bösen zerbricht.

Allmächtiger Gott,
du bist Anfang und Ende der Zeit,
von Ewigkeit zu Ewigkeit. Amen.

Lesungen
Psalm 31,2-9
Amos 5,21-24
1. Korinther 13,1-13
Markus 8,31-38

Kirchengebet

Gott, wir loben und preisen dich für deine Liebe, mit der du uns in Jesus Christus begegnest. Du berührst unser Herz und erneuerst unseren Sinn durch die Kraft deines Heiligen Geistes.

Herr, wir danken dir, daß du uns den rechten Weg zum Leben zeigst. Es ist gewiß nicht ein leichter Weg, den wir gehen müssen, um das Ziel unseres Lebens nicht zu verfehlen. Aber es ist ein Weg, auf dem du mit uns gehst. Dein Wort und das Mahl mit Brot und Wein stärken uns, wenn wir schwach werden wollen. Wenn du uns rufst, wollen wir zur Nachfolge bereit sein. In der Gemeinschaft mit denen, die dir vertrauen, fühlen wir uns geborgen. Nicht der Reichtum dieser Welt kann unser Glück sein, sondern allein die Liebe zu dir.

Herr, wir bitten dich, gib uns den Mut, trotz der Verlockungen dieser Welt, dir in Demut des Herzens zu dienen und bescheiden in unseren Ansprüchen in dieser Welt zu leben. Bewahre uns vor der Gier nach Reichtum, Macht und Einfluß. Es ist nicht deine Art, damit den Menschen zu helfen.

Wir bitten dich, behüte unsere Seele vor dem Verlust des Himmels. Befreie uns von den Versuchungen des Bösen, die unseren Kopf so leicht verdrehen. Laß uns deinem Gebot treu bleiben: dich über alle Dinge zu fürchten, zu lieben und zu ehren, und auch unseren Nächsten zu lieben.

Wir bitten dich für alle, deren Scheunen voll sind, aber deren Herzen leer bleiben. Wir bitten dich für die Reichen, denen das Herz verschlossen ist. Befreie sie von den Ketten des Geizes, und laß sie großzügig werden.

Herr, mache uns zum Werkzeug deiner Liebe, damit wir den Armen helfen, die Traurigen trösten, die Kranken heilen und die Sterbenden zu dir geleiten können. Sei uns ein starker Fels, auf dem wir sicher stehen.

Großer und gütiger Gott, du bist unsere Hoffnung und Zuversicht. Wir halten uns an deinen Sohn Jesus Christus, der die Auferstehung und das Leben ist. Amen.

Passion

In der Passionszeit bedenken wir Jesu Leidensweg, der auf Golgatha endet. Wir sollen uns durch leibliche Enthaltsamkeit (Fastenzeit) und durch die Sammlung geistlicher Kräfte auf die Botschaft vom Kreuz vorbereiten. Diese Zeit beginnt mit Aschermittwoch und umfaßt 40 Tage nach dem biblischen Vorbild von 2. Mose 34,28; 1. Könige 19,8 und Matthäus 4,2. Die Fastenzeit schließt mit dem Karsamstag ab.
Besondere Tage sind für uns der Gründonnerstag als der Tag der Einsetzung des Heiligen Abendmahls und der Karfreitag als der Tag der Kreuzigung Jesu Christi. Die Feier des Abendmahls hat ein Vorbild im jüdischen Passahfest, an dem die Befreiung des Volkes Israel aus Ägypten in Erinnerung gerufen wird (2. Mose 12). Jesus feiert am Abend vor seinem Todestag mit den Jüngern Passah. Doch er deutet dieses Fest um. Er ist das Passahlamm, das zur Vergebung der Sünden geopfert wird. Brot und Wein sind sein Leib und Blut. »...gelitten unter Pontius Pilatus, gekreuzigt, gestorben und begraben, hinabgestiegen in das Reich des Todes ...« (Apostolisches Glaubensbekenntnis).
Gott gerät unter Menschenhand in unkenntliche Gestalt. Der erniedrigte und zum Tod ans Kreuz geschlagene Jesus von Nazareth ist zum Zeichen geworden für eine aus den Fugen geratene Welt und eine ins Chaos von Haß und Auflehnung gestürzte Menschheit.
Leiden und Sterben lassen sich aus unserer Wirklichkeit nicht streichen. Mitten in einem Zeitalter der Lebensvergötterung, in dem der Tod als die Verneinung von Sinn und Sein, als Gegenbewegung zu den kühnsten Evolutionen unseres Lebens erscheinen muß, mitten in diesem Zeitalter wird die Frage laut: Warum leben wir, wenn wir doch sterben müssen? Kein lebendiges Wesen entrinnt dem Tod. Es ist ein Schmerz, der – obwohl verdrängt – in der Angst der Kreatur jeden Augenblick gegenwärtig ist, als ob Gott absichtlich darüber verhüllend die Hand hält.
Im gekreuzigten Jesus Christus erscheint der leidende Gott und zugleich der leidende Mensch. So will Gott uns die Unausweichlichkeit des Leidens und Sterbens zeigen und uns zugleich in dem Gekreuzigten in unserer Lebensnot ganz nahe sein. Darum ging Gott diesen Weg der Verhüllung. Der leidende Gott, der Schmerz Gottes, läßt uns ihn eher finden. Die Verhüllung Gottes im Schmerz zeigt uns seine wahre Gegenwart in der Welt seiner leidenden und geschundenen Geschöpfe. Das Seufzen der Kreatur ist der Anlaß zu Gottes unbegreiflichem Eingreifen in das Elend dieser Welt.

Invokavit:
1. Sonntag der Passionszeit

Wochenspruch
Dazu ist erschienen der Sohn Gottes,
daß er die Werke des Teufels zerstöre.
1. Johannes 3,8

Kollektengebet
Herr,
allmächtiger und ewiger Gott,
wir bitten dich:

Wende von uns deinen Zorn,
den wir verdient haben.
Richte uns nicht
nach unseren Worten und Werken.
Laß uns umkehren und allein
auf deine Gnade hoffen.

Erhöre uns
durch Jesus Christus,
der mit dir und dem Heiligen Geist
uns zum Verzicht bereitmacht.

Allmächtiger Gott,
du bist Anfang und Ende der Zeit,
von Ewigkeit zu Ewigkeit. Amen.

Lesungen
Psalm 91
1. Mose 3,1-24
Hebräer 4,14-16
Matthäus 4,1-11

Kirchengebet

Allmächtiger, ewiger Gott, du bist in deinem Sohn Jesus Christus zu uns gekommen. Du lehrst und tröstest uns durch die Kraft des heiligen Geistes.

Herr, wir danken dir, daß du uns in den kommenden Wochen auf den Weg in die Stille mitnehmen willst. Wir bedenken, daß du selbst in die Wüste zum Fasten geführt wurdest. Es ist aber auch die Zeit, in der uns die Versuchungen gezeigt werden, denen wir und deine Kirche erliegen können. Wir leben nicht allein vom Brot dieser Welt, sondern auch von dem Wort deines Lebens; nicht von der Macht der Technik, die alles in den Griff bekommen will; auch nicht von den vielen, die sich als Götter unserer Zeit anbieten.

Herr, wir bitten dich, führe uns nicht in Versuchung, sondern erlöse uns von unseren bösen und eigensüchtigen Wünschen. Laß uns erkennen, daß wir in deiner Nachfolge frei werden von den maßlosen Erwartungen für unser eigenes Leben.

Herr, bewahre deine Kirche davor, daß sie sich durch Macht und Einfluß am Leben erhalten will. Bewahre sie vor dem Kniefall vor den Mächtigen der Zeit; vor der Sünde, sich mit dem Reichtum der Welt gleichzustellen.

Herr, wir sollen das Salz der Erde und das Licht der Welt sein. Halte unser Herz frei von den Göttern unserer Zeit, an die wir uns so gerne hängen. Führe uns den Weg in die Stille, wo wir dich und uns selbst finden.

Erhöre unser Gebet, barmherziger Gott und Vater, durch unseren Herrn Jesus Christus. Amen.

Reminiszere:
2. Sonntag der Passionszeit

Wochenspruch
Gott erweist seine Liebe zu uns darin,
daß Christus für uns gestorben ist,
als wir noch Sünder waren.
Römer 5,8

Kollektengebet
Herr,
Gott allen Lebens,
wir bitten dich:

Beschütze unseren Leib
und bewahre unsere Seele
vor allen Gefahren.
Befreie unser Herz
von den Gewalten aus der Tiefe,
die uns bedrängen.

Erhöre uns
durch Jesus Christus,
der mit dir und dem Heiligen Geist
uns und die Welt in Schutz nimmt.

Allmächtiger Gott,
du bist Anfang und Ende der Zeit,
von Ewigkeit zu Ewigkeit. Amen.

Lesungen
Psalm 10
Jesaja 5,1-7
Römer 5,1-11
Markus 12,1-12

Kirchengebet
Allmächtiger, barmherziger Gott, lieber Vater im Himmel. Jesus Christus, unser Herr, der unser Leben aus dem Tode reißt. Heiliger Geist, der unser Herz mit Feuer läutert.

Herr, wir danken dir, daß du uns nicht allein läßt in unserem Elend. Wir haben uns von dir entfernt und meinen, daß wir auch ohne dich leben können. Aber du gibst uns nicht auf, sondern kommst in deinem Sohn Jesus Christus zu uns. Er war unter uns als Mensch aus Fleisch und Blut. Er hat Freude und Trauer, Glück und Schmerz, ja Leben und Tod erfahren. Aber mit seinem Wort und Sakrament ist er auch heute noch unter uns, wo zwei oder drei in seinem Namen versammelt sind.

Herr, wir bitten dich, laß uns deine Güte, mit der du uns begegnest, nicht vergessen, sondern auch anderen von dieser Barmherzigkeit weitergeben. Sie sollen durch uns erfahren, daß du Leben schenkst. Herr, erbarme dich unser!

Gedenke, Herr, an die Leidenden, Trauernden und die am Leben Verzweifelten. Befreie uns von unserer Eigenliebe und Selbstsucht, und mache uns fähig, ihnen in deinem Namen beizustehen. Wir können das Leiden, das uns zu schaffen macht, nicht beseitigen. Aber wir können es manchmal lindern und Hoffnung vermitteln, wo alles sinnlos zu sein scheint. Herr, erbarme dich unser!

Tröste und stärke uns mit deinem Wort, mit deinem Mahl und mit deinem Geist der Liebe, der sich auf deine Gnade allein verläßt.

Herr, erhöre unsere Bitten. Lehre uns erkennen, was dein Wille ist, durch Jesus Christus. Amen.

Okuli:
3. Sonntag der Passionszeit

Wochenspruch
Wer seine Hand an den Pflug legt und sieht zurück,
der ist nicht geschickt für das Reich Gottes.
Lukas 9,12

Kollektengebet
Herr,
allmächtiger und ewiger Gott,
wir bitten dich:

Sei uns gnädig, die wir
unter unserer Schuld leiden.
Gib uns einen demütigen Geist
und ein unverzagtes Herz.

Erhöre uns
durch Jesus Christus,
der mit dir und dem Heiligen Geist
unsere einzige Hoffnung ist.

Allmächtiger Gott,
du bist Anfang und Ende der Zeit,
von Ewigkeit zu Ewigkeit. Amen.

Lesungen
Psalm 34; 25,12-22
1. Könige 19,1-13
Epheser 5,1-8a
Lukas 9,57-62

Kirchengebet

Allmächtiger Gott! Du hast Himmel und Erde aus dem Nichts gerufen. Du hast deinen Sohn Jesus Christus Mensch werden lassen. Du hast unsere Herzen durch deinen Heiligen Geist bezwungen.

Herr, wir danken dir, daß du dich zu uns wendest und unser Herz von Angst befreist. Auf dich können wir hoffen, weil du hälst, was du versprichst. Du rufst uns in deine Nachfolge. Das ist eine Entscheidung, die unser ganzes Leben verändert. Wenn wir dir nachfolgen, dann müssen wir dir ganz zur Verfügung stehen. Du lenkst unseren Blick auf die Zukunft deines Reiches. Wer sich für dich entscheidet, muß auch bereit sein, daß Kreuz auf sich zu nehmen.

Herr, wir bitten dich für uns, die wir guten Willens sind, dir nachzufolgen. Gib uns Mut, das Kreuz zu tragen und uns ganz auf dich zu verlassen. Unser Leben soll von der Liebe bestimmt sein, mit der du uns liebst. Wenn wir zu dir gehören, dann laß uns ein Leben führen, das deinen Geboten entspricht.

Herr, wir bitten dich für alle, die noch in der Dunkelheit ihrer Eigenliebe leben, deren Worte trügerisch und deren Gedanken böse sind, deren Herz habgierig ist. Befreie sie aus dem Dunkel und schenke ihnen das Licht des Lebens.

Herr, wir bitten dich, daß unsere Worte aufrichten und trösten, unsere Taten Schmerz lindern und Wunden heilen und unser Herz immer auf dich sieht.

Herr, wir legen alles in deine Hände im Vertrauen darauf, daß du unser Leben führst, durch Jesus Christus. Amen.

Lätare:
4. Sonntag der Passionszeit

Wochenspruch
Wenn das Weizenkorn nicht in die Erde fällt
und erstirbt, bleibt es allein;
wenn es aber erstirbt, bringt es viel Frucht.
Johannes 12,24

Kollektengebet
Herr,
hilfreicher Gott,
wir bitten dich:

Geleite uns auf dem Wege
durch diese vergehende Welt.
Laß uns erkennen, daß wir
nicht nur vom Brot allein leben,
sondern auch von deinem Wort,
dem lebendigen Brot für unsere Seele.

Erhöre uns
durch Jesus Christus,
der mit dir und dem Heiligen Geist
unser Leben erhält.

Allmächtiger Gott,
du bist Anfang und Ende der Zeit,
von Ewigkeit zu Ewigkeit. Amen.

Lesungen
Psalm 84
Jesaja 54,7-10
2. Korinther 1,3-7
Johannes 12,20-26

Kirchengebet

Ewiger Gott, gütiger Vater im Himmel, du bist uns nahe im Wort deines Sohnes Jesus Christus. Du lenkst unsere Gedanken durch die Kraft deines Heiligen Geistes.

Herr, wir danken dir, daß du uns immer wieder tröstest, wenn wir traurig sind. Trübsal und Leiden bestimmen oft unsere Tage und Nächte. Wir danken dir, daß du uns in Stunden der Anfechtung und Verzweiflung Geduld gibst, die uns das Leiden annehmen und ertragen läßt. Leiden ist wie Sterben, aus dem neues Leben entstehen will. Wir danken dir für die Hoffnung, die stärker als Leid und Tod ist. Wenn wir bereit sind, unser Leben zu geben, dann beginnt das ewige Leben in uns zu wachsen.

Herr, wir bitten dich, mache uns bereit, dir zu dienen in der Liebe zu denen, die du uns zeigst. Gib uns Kraft, Geduld und Liebe, uns denen zuzuwenden, die oft ungeliebt sind, an den Rand gedrückt oder vergessen werden.

Wir bitten dich für die, denen deine Liebe besonders gilt: den Alten und Einsamen, den Kranken und Sterbenden, den Behinderten und Süchtigen, den Straffälligen und politisch Verfolgten, den Heimatlosen und den Arbeitslosen.

Wir bitten für alle, die zu kurz kommen, aber große Sehnsucht nach Frieden und Gerechtigkeit haben. Für alle, die sanftmütig leben und dafür Leid tragen. Ihnen hast du Trost und Anteil an deinem Reich versprochen. Für alle, die bereit sind, Zeit und Kraft ihres Lebens in deinem Namen anderen zu geben, damit Licht in diese Welt und Liebe zu den Menschen komme.

Herr des Lebens, im Vertrauen auf dich, auf deine Barmherzigkeit und Güte, gehen wir getrost unseren Weg, durch Jesus Christus. Amen.

Judika:
5. Sonntag der Passionszeit

Wochenspruch
Der Menschensohn ist nicht gekommen,
daß er sich dienen lasse, sondern daß er diene
und gebe sein Leben zu einer Erlösung für viele.
Matthäus 20,28

Kollektengebet
Herr,
allmächtiger Gott,
wir bitten dich:

Laß uns am Leiden
deines Sohnes lernen.
Bereite uns vor
auf die Nachfolge am Kreuz,
als dem Leiden, durch das du
diese Welt erlösen willst.

Erhöre uns
durch Jesus Christus,
der mit dir und dem Heiligen Geist
das Leid der Welt in Freude verwandelt.

Allmächtiger Gott,
du bist Anfang und Ende der Zeit,
von Ewigkeit zu Ewigkeit. Amen.

Lesungen
Psalm 43
1. Mose 22,1-13
Hebräer 5,7-9
Markus 10,35-45

Kirchengebet

Gelobt seist du, Gott des Himmels und der Erde. Du hast deinen Sohn Jesus Christus vom Tod erweckt und uns das Licht des Lebens geschenkt. Du läßt das Feuer des Geistes vom Himmel in unsere Herzen fallen.

Herr, wir danken dir, daß du unsere Hilfe und unser Gott bist. Du erleuchtest unseren Verstand und lehrst uns die Wahrheit, die unserem ganzen Leben Sinn gibt. Du füllst unser Herz mit Liebe und bewahrst uns vor denen, die Ungerechtigkeit lieben. Du selbst bist den Weg der Demut gegangen und hast dein Leben für uns alle zur Erlösung gegeben. Wir sind nicht Herren dieser Welt, sondern Diener deines Reiches.

Herr, wir bitten dich, lehre uns die rechte Nachfolge. Nimm von uns allen Stolz und alle Selbstgerechtigkeit, alle Eitelkeit und Herrschsucht, die nicht den Weg der Demut kennen. Kläre mit deinem Wort unsere verworrenen Vorstellungen und hilf uns mit deinem Geist, aufrichtig zu sein.

Herr, wir bitten dich für alle, die deine Wege nicht begreifen; die nicht einwilligen können in das Geheimnis deines Leidens. Sie suchen dich nicht am Kreuz, sondern verlassen sich auf ihre eigene Kraft. Befreie sie von dem Zwang der Selbsterlösung und gib ihnen die Freiheit der Kinder Gottes.

Herr, wir bitten dich um den Mut, den Menschen in dieser Welt in deinem Namen zu dienen; um den Mut, nicht auf Gewalt, sondern auf den Dienst der Liebe zum Menschen zu vertrauen.

Herr, du bist das Licht der Welt und die Hoffnung unseres Lebens. Wir vertrauen dir alles an und verlassen uns auf Jesus Christus. Amen.

Palmsonntag:
6. Sonntag der Passionszeit

Wochenspruch
Der Menschensohn muß erhöht werden,
damit alle, die an ihn glauben, das ewige Leben haben.
Johannes 3,14-15

Kollektengebet
Herr,
allmächtiger und ewiger Gott,
wir bitten dich:

Zeige uns den Weg zum Kreuz.
Gib uns die Kraft,
es auf uns zu nehmen.
Schenke uns den Glauben,
der durch den Tod
das ewige Leben sieht.

Erhöre uns
durch Jesus Christus,
der mit dir und dem Heiligen Geist
durch Sterben und Tod zum Leben führt.

Allmächtiger Gott,
du bist Anfang und Ende der Zeit,
von Ewigkeit zu Ewigkeit. Amen.

Lesungen
Psalm 22;24;69
Jesaja 50,4-9
Philipper 2,5-11
Johannes 12,12-19

Kirchengebet

Allmächtiger Gott, Vater unseres Herrn Jesus Christus, du hast alles Sichtbare und Unsichtbare geschaffen, du erhältst alles nach deinem Willen durch die Macht des Heiligen Geistes.

Herr, dein Weg zum Menschen bedeutet für dich Verzicht auf deine göttliche Macht. Du bist als Mensch den Weg des Vertrauens und des Gehorsams gegangen. Es war Gottes Wille, daß du durch Leid zum Tod kommst. Dein Vorbild ist für uns Leitbild. Gott will, daß du Gestalt in uns annimmst, damit wir das Leid als Tür zum Leben erkennen. Die Spuren des Leides und der Trennung finden sich auch in unserem Leben. Sie liegen oft wie eine schwere Last auf unseren Schultern. In deinem Kreuz aber sollen wir erkennen, daß auch wir unser Kreuz auf uns zu nehmen bereit sind.

So wollen wir jeden Schritt lernen, der uns in deine Nähe führt. Jeder Tag dieser Woche, in der wir dein Leiden bedenken, soll uns das Geheimnis deiner Liebe zu uns verstehen lehren.

Herr, Licht des Himmels und der Erde, laß uns befolgen, was dein Wille über unserem Leben ist. Bewahre und behüte uns, durch Jesus Christus. Amen.

Gründonnerstag: Tag der Einsetzung des heiligen Abendmahls

Spruch des Tages
Er hat ein Gedächtnis gestiftet seiner Wunder,
der gnädige und barmherzige Herr.
Psalm 111,4

Kollektengebet
Herr,
Gott des Himmels und der Erde,
wir bitten dich:

Führe uns zu dem Geheimnis des Leibes
und des Blutes deines Sohnes.
Erinnere uns an die Nacht des Verrates,
damit wir treu bleiben.

Erhöre uns
durch Jesus Christus,
der mit dir und dem Heiligen Geist
unser Leben von der Gewalt des Todes befreit.

Allmächtiger Gott,
du bist Anfang und Ende der Zeit,
von Ewigkeit zu Ewigkeit. Amen.

Lesungen
Psalm 111
2. Mose 12,1.3-4.6-7.11-14
1. Korinther 11,(17-22)23-26(27-29)
Johannes 13,1-15(34-35)

Kirchengebet

Großer Gott, Herr allen Lebens. Durch Jesus Christus hast du die Welt errettet. Durch deinen Heiligen Geist regierst du die Herzen der Menschen.

Herr, an diesem Abend sind wir eingeladen an deinen Tisch. Das Mahl der Gemeinschaft und des Friedens erinnert uns an die Nacht des Verrates. In Brot und Wein gibst du uns dein Leben, damit der Tod unserer Seele nichts mehr anhaben kann. Das Brot des Lebens empfangen wir als Zeichen der Hoffnung. Der Wein, dein vergossenes Blut, will uns verwandeln. Die Verlassenheit dieser Nacht hat deine Seele zu Tode betrübt.

Das macht unser Herz schwer; denn auch wir verraten und verlassen dich oft. Der Mut zur Nachfolge sinkt bei drohender Gefahr.

Aber wir erfahren immer wieder an deinem Tisch Vergebung und werden gestärkt durch deine Nähe. Wir dürfen wissen, daß einst alle dunklen Nächte unserer Anfechtungen und Verzweiflungen vergehen werden.

Herr über Leben und Tod, dein Wort und deine Güte führen uns am Tag und sind Zeichen in der Nacht. Wir vertrauen dir von ganzem Herzen, durch Jesus Christus. Amen.

Karfreitag:
Tag der Kreuzigung des Herrn

Spruch des Tages
Also hat Gott die Welt geliebt,
daß er seinen eingeborenen Sohn gab,
damit alle, die an ihn glauben, nicht verloren werden,
sondern das ewige Leben haben.
Johannes 3,16

Kollektengebet
Herr,
Vater unseres Herrn Jesus Christus,
wir bitten dich:

Erwecke uns
mit dem Gekreuzigten auf Golgatha
vom Tod zum Leben.
Erbarme dich unser,
wenn Leid und Qual über uns kommen.
Erlöse uns von dem ewigen Tod.

Erhöre uns
durch Jesus Christus,
der mit dir und dem Heiligen Geist
die Toten zu neuem Leben ruft.

Allmächtiger Gott,
du bist Anfang und Ende der Zeit,
von Ewigkeit zu Ewigkeit. Amen.

Lesungen
Psalm 22
Jesaja 52,13–53,12
2. Korinther 5,14b–21
Johannes 19,16–30

Kirchengebet

Großer Gott, deine Wege sind unerforschlich und deine Wunder unermeßlich. Dein Sohn Jesus Christus ist der Retter der Welt, die dich verloren hat. Dein Geist ist es, der unsere Herzen verwandelt.

Herr, am Kreuz hast du gesprochen: Es ist vollbracht! In der Stunde deines Todes ist nicht nur der Vorhang im Tempel zerrissen, sondern auch das Licht der Sonne ist dunkel geworden. Die Erde erbebte, und der Tod versank in den Gräbern. Die unter deinem Kreuz standen, lästerten oder begriffen, daß du wahrlich Gottes Sohn bist.

Dein Kreuz wird in unserer Welt immer wieder aufgerichtet. Es ist zum Mahnmal geworden, daß der Mensch den Menschen zum Opfer macht. An das Kreuz wird die Liebe genagelt. Ans Kreuz wird die Hoffnung geschlagen. Das Blut der Entrechteten wird vergossen, und der Hunger der Armen ist der Tod.

Inmitten der Not unserer Welt erhebt sich dein Kreuz. Es ist ein Zeichen, daß du für uns gestorben bist, damit wir leben können. Wer dir nachfolgt, muß sein Kreuz auf sich nehmen. Wer leben will, muß sterben. Wer aber mit dir stirbt, wird auch mit dir auferstehen.

Herr, du bist der Grund unseres Lebens. Du bist das Licht unserer Seele. Laß es in uns und in dieser Welt durch Jesus Christus hell werden. Amen.

Ostern

Das Osterfest ist das älteste und höchste Fest der Christenheit. Am Ostertag wird der Auferstehung Jesu Christi aus dem Tode gedacht. Die ersten Christengemeinden feierten ursprünglich an jedem Sonntag den Auferstehungssieg, weil sie die unmittelbare Wiederkunft des Auferstandenen erwarteten. Seit dem 2. Jahrhundert, in dem die Erwartung nachließ, wurde der Ostertag jährlich in einem besonderen Fest gefeiert. Diesem Festtag schließt sich eine 50tägige Freudenzeit an, die mit Pfingsten abgeschlossen ist. »Am dritten Tage auferstanden von den Toten« (Apostolisches Glaubensbekenntnis).
Osterglaube ist das Wagnis des Vertrauens auf das, was unseren Augen verborgen bleiben muß. Leugnen wir die Auferstehung Jesu, so bleiben

wir in unseren Hoffnungen und Ideologien rettungslos verloren. Lebendige Hoffnung kann nur dort in einem Menschenleben aufbrechen, wo dieser Sprung über den Graben gewagt wird, der unseren engbegrenzten Lebensraum umgibt. Doch Zweifel verunsichert uns. Dieser Zweifel am wirklichen Handeln Gottes durch den Auferstandenen, diesem Zweifel waren die Jünger damals und sind wir heute ausgesetzt. Dieser Zweifel drängt uns, Erklärungen zu finden für das, was sich jedem Erklären widersetzt. Doch davon, daß dies Unverhoffte sich ereignete, reden sie beide. Absurd könnte man dieses Ereignis nennen, wenn man allgemein dem Absurden in unserem Leben eine größere Bedeutung beilegen würde. Denn gerade im Unmöglichen zeigen sich Gottes Möglichkeiten für uns. Wiedergeboren zu einer lebendigen Hoffnung, so steht's geschrieben im 1. Petrusbrief. Wiedergeburt – das ist Verwandlung. Ostern ist Verwandlung des Lebens. Von neuem geboren, das zeigt die Totalität des Geschehens an. Veränderung ist nur bruchstückhafte Erneuerung. Dem Menschen haftet noch der alte Adam an, der täglich ersäuft werden muß. Verwandlung umfaßt den ganzen Menschen. Er muß ganz sterben, um wieder ganz auferstehen zu können.

»Nur von Verwandeltem geht Verwandlung aus«, behauptete der dänische Theologe Sören Kierkegaard. Er hat recht. Nur als Verwandelte erleben wir diese Freude. Es ist die Freude darüber, daß wir mitten in einer Todeswelt, inmitten eines rätselhaften, bedrängenden und quälenden Daseins nicht dem Tode anheimfallen, sondern zum Leben verwandelt werden.

Da im 4. Jahrhundert Ostern und Pfingsten eigene Feiertage wurden, feierte man, nach Apostelgeschichte 1,3, vierzig Tage nach Ostern die Himmelfahrt Jesu Christi. Zu Himmelfahrt wird betont, daß Jesus Christus nun teilhat am Weltregiment des allmächtigen Gottes: »Aufgefahren in den Himmel; er sitzt zur Rechten Gottes, des allmächtigen Vaters« (Apostolisches Glaubensbekenntnis).

Die volkstümliche Art, Himmelfahrt als Vatertag zu feiern, stellt eine Karikatur dieses christlichen Festtages dar. Die Witze über Himmelfahrt offenbaren nicht nur die Geistlosigkeit, sondern noch mehr die Verlegenheit, die viele angesichts dieses Festes empfinden. Es ist gut, wenn wir wieder bewußter diesen Tag als das Fest des Sieges unseres Herrn Jesus Christus über alle Mächte dieser Welt feiern. »Jesus Christus herrscht als König...«, es ist ein Siegeslied, das wir in unseren Gottesdiensten anstimmen. »Heute ist Himmelfahrtstag, also ein großer Freudentag für alle, die es glauben können, daß Christus die Welt und unser Leben regiert.« (Dietrich Bonhoeffer).

Das heilige Osterfest – Ostersonntag: Tag der Auferstehung des Herrn

Wochenspruch
Christus spricht: Ich war tot, und siehe,
ich bin lebendig von Ewigkeit zu Ewigkeit
und habe die Schlüssel des Todes und der Hölle.
Offenbarung 1,18

Kollektengebet
Herr,
allmächtiger Gott,
wir bitten dich:

Reiß uns aus der Macht des Todes,
wie du Jesus Christus, deinen Sohn,
aus dem Grab gerufen hast.
Das Licht des Auferstandenen
leuchte wie die Sonne
als das Licht unseres Lebens.

Erhöre uns
durch Jesus Christus,
der mit dir und dem Heiligen Geist
die Quelle unseres Lebens ist.

Allmächtiger Gott,
du bist Anfang und Ende der Zeit,
von Ewigkeit zu Ewigkeit. Amen.

Lesungen
Psalm 118
1. Samuel 2,1-2.6-8a
1. Korinther 15,1-11
Markus 16,1-8

Kirchengebet

Gott, wir loben und preisen dich für deine Liebe, mit der du uns in Jesus Christus begegnest. Du berührst unser Herz und erneuerst unseren Sinn durch die Kraft deines Heiligen Geistes.

Herr, du bist auferstanden von den Toten! Du bist wahrhaftig auferstanden! Das ist eine Botschaft, die unser Herz zum Jubeln bringt. Du bist hinabgestiegen in das Reich des Todes, um dem Tod die Macht zu entreißen. Mit dem Licht des Ostermorgens wurdest du vom Tode befreit und zum neuen Leben gerufen. Das ist das Geheimnis dieses Tages und das Wunder, das die ganze Schöpfung betrifft. Begonnen hat die Verwandlung des Lebens. Die Sehnsucht des Menschen und das Seufzen der Kreatur werden erlöst. In allem, was vor unseren Augen vergänglich erscheint, liegt nur der Keim des ewigen Lebens verborgen. Wo wir meinen, daß alles am Ende ist, da beginnst du mit uns neu. Der Stein ist nicht nur von deinem Grab gewälzt, sondern es ist auch der Stein von unserem Grab entfernt. Aus den Gräbern, die wir uns selbst bereitet haben, gibt es eine Auferstehung. Seitdem ist nichts mehr unmöglich. Das Leben wird am Ende über den Tod triumphieren.

Wir bitten dich, schenke allen denen die Hoffnung des Lebens, die im Tal des Todes wandern. Gib denen das Licht des Ostermorgens, die noch in den Nächten der Vergänglichkeit gefangen sind.

Herr, wir vertrauen dir, daß du mit uns gehst auf unseren Wegen und wir dem Tag entgegengehen, an dem dein Sohn Jesus Christus wiederkommt. Amen.

Ostermontag

Wochenspruch
Christus spricht: Ich war tot, und siehe,
ich bin lebendig von Ewigkeit zu Ewigkeit
und habe die Schlüssel des Todes und der Hölle.
Offenbarung 1,18

Kollektengebet
Herr,
Gott des ewigen Lebens,
wir bitten dich:

Schenke uns die Freude dieses Tages,
an dem wir den Auferstandenen bekennen.
Erneuere unser Leben
durch diese große Hoffnung.

Erhöre uns
durch Jesus Christus,
der mit dir und dem Heiligen Geist
unser Leben aus dem Tod befreit.

Allmächtiger Gott,
du bist Anfang und Ende der Zeit,
von Ewigkeit zu Ewigkeit. Amen.

Lesungen
Psalm 118
Jesaja 25,8-9
1. Korinther 15,12-20
Lukas 24,13-35

Kirchengebet

Allmächtiger, ewiger Gott, du bist im Himmel, und wir sind auf Erden. Du bist bei uns durch Jesus Christus, deinen Sohn, und durch die Kraft seines Geistes.

Herr, du hast gesagt: Ich bin die Auferstehung und das Leben. Du hast die Macht des Todes gebrochen. Wo einst Ratlosigkeit und Resignation herrschten, dort ist jetzt Zuversicht und Hoffnung. Wenn der Tod uns bedroht, dann hast du uns neues Leben versprochen. Du bist das Leben. Du bringst uns Leben.

Wir bitten dich, geh mit uns, wo wir müde werden und ohne Mut in den Tag gehen. Geh mit allen, die am Leben verzweifeln; die des Lebens überdrüssig sind; die keinen Ausweg mehr sehen, weil sie am Ende ihrer Kräfte sind. Stärke die, die in Angst leben. Gib denen Mut, die zerbrochen sind und die keine Hoffnung mehr haben. Laß sie von neuem das Ziel ihres Lebens erkennen.

Wir bitten dich, umgib mit deiner Nähe alle, die an die Grenzen ihrer Möglichkeiten gekommen sind; die durch Krankheit und Unglück erschreckt wurden; die spüren, daß ihr Leben ein Ende hat und die Stunde des Todes naht.

Herr, wir sind getrost inmitten aller Vergänglichkeiten unseres Lebens, weil du das Leben bist. Du brichst uns das Brot des Lebens und führst uns den Weg zum Ziel.

Großer und gütiger Gott, du bist unsere Hoffnung und Zuversicht. Wir halten uns an deinen Sohn Jesus Christus, der die Auferstehung und das Leben ist. Amen.

Quasimodogeniti:
1. Sonntag nach Ostern

Wochenspruch
Gelobt sei Gott, der Vater unseres Herrn Jesus Christus,
der uns nach seiner großen Barmherzigkeit
wiedergeboren hat zu einer lebendigen Hoffnung
durch die Auferstehung Jesu Christi von den Toten.
1. Petrus 1,3

Kollektengebet
Herr, allmächtiger und ewiger Gott,
wir bitten dich:

Erhalte uns die große Freude
die du uns durch die Auferstehung
deines Sohnes bereitet hast.
Laß uns damit leben und sterben.
Gib, daß unser ganzes Leben neu werde.

Erhöre uns
durch Jesus Christus,
der mit dir und dem Heiligen Geist
uns das neue Leben schenkt.

Allmächtiger Gott,
du bist Anfang und Ende der Zeit,
von Ewigkeit zu Ewigkeit. Amen.

Lesungen
Psalm 116,1-9
Jesaja 40,26-31
1. Petrus 1,3-9
Johannes 20,19-29

Kirchengebet

Allmächtiger, ewiger Gott, du bist in deinem Sohn Jesus Christus zu uns gekommen. Du lehrst und tröstest uns durch die Kraft deines Heiligen Geistes.

Herr, wir danken dir, daß durch deine Auferstehung alles neu geworden ist. Wir haben große Hoffnung, denn das Leben geht weiter. Nicht der Tod ist das letzte Ziel, sondern das Leben. Was du uns durch die Taufe versprochen hast, willst du an jedem Tag unseres Lebens erneuern. Wir spüren den Atem der Lebenshoffnung, weil wir durch den Geist neu geboren sind. Anfechtung und Zweifel bedrängen uns noch, aber das Ziel unseres Glaubens werden wir dennoch nicht aus den Augen verlieren.

Herr, wir bitten dich um den Geist des Trostes, der unser verzagtes Herz aufrichtet angesichts der Verweslichkeit alles Lebenden.

Wir bitten dich um den Geist der Hoffnung, der sich unserer Resignation widersetzt.

Wir bitten dich um den Geist der Liebe, der uns den Weg zum Nächsten zeigt.

Wir bitten dich um den Geist, der unser verstocktes Herz aufbricht und uns einen neuen bewegenden Geist verleiht.

Wir bitten dich um den Geist der Geduld, der uns glauben lehrt, was wir nicht sehen können.

Laß uns auf dich vertrauen, der du als Auferstandener mitten unter uns bist.

Erhöre unser Gebet, barmherziger Gott und Vater, durch unseren Herrn Jesus Christus. Amen.

Miserikordias Domini:
2. Sonntag nach Ostern

Wochenspruch
Christus spricht: Ich bin der gute Hirte.
Meine Schafe hören meine Stimme,
und ich kenne sie, und sie folgen mir;
und ich gebe ihnen das ewige Leben.
Johannes 10,11.27-28

Kollektengebet
Herr, allmächtiger Gott und Vater,
wir bitten dich:

Laß uns, die wir auf dich vertrauen,
fröhliche Menschen werden.
Erlöse uns von dieser Todeswelt
und gib uns Anteil an deiner
neuen Weltschöpfung.

Erhöre uns
durch Jesus Christus,
der mit dir und dem Heiligen Geist
unserem Leben neue Hoffnung schenkt.

Allmächtiger Gott,
du bist Anfang und Ende der Zeit,
von Ewigkeit zu Ewigkeit. Amen.

Lesungen
Psalm 23
Hesekiel 34,1-16.31
1. Petrus 2,21b-25
Johannes 10,11-16(27-30)

Kirchengebet

Allmächtiger, barmherziger Gott, lieber Vater im Himmel. Jesus Christus, unser Herr, der unser Leben aus dem Tod reißt. Heiliger Geist, der unser Herz mit Feuer läutert.

Herr, wir danken dir für die Geborgenheit, die wir in deiner Nähe erfahren. Du wendest dich zu uns mit großer Güte, die unser Herz erwärmt. Wir sind geborgen, weil wir wissen, daß du uns wie ein guter Hirte behütest. Du führst uns zur Quelle, aus der das Wasser des Lebens fließt. Du leitest unsere Schritte auf den rechten Weg und gehst mit uns in Zeiten der Traurigkeit und an den Tagen der Freude.

Herr, wir bitten dich für die, die auf der Suche nach dem Haus der Geborgenheit sind. Wir bitten dich für die Millionen von Menschen, die auf dieser Erde auf der Flucht sind. Sie müssen alles zurücklassen, was ihnen Heimat und Geborgenheit gab.

Wir bitten dich für die Menschen unter uns, die kein Zuhause haben. Du kennst des Menschen Herz und weißt um seine Verfehlungen. Aber deine Güte ist stärker als unser stolzes Herz. Du wendest dich denen zu, die gefangen sind.

Wir bitten dich für alle, deren Herz in großer Unruhe ist, weil sie den festen Ort ihres Lebens verloren haben. Für die seelisch Kranken und Süchtigen. Stille du ihre Sehnsucht nach Heimat.

Herr, erhöre unsere Bitten. Lehre uns erkennen, was dein Wille ist, durch Jesus Christus. Amen.

Jubilate:
3. Sonntag nach Ostern

Wochenspruch
Ist jemand in Christus, so ist er eine neue Kreatur;
das Alte ist vergangen, siehe, Neues ist geworden.
2. Korinther 5,17

Kollektengebet
Herr, allmächtiger Gott,
wir bitten dich:

Sieh auf unsere Wege,
die wir gehen.
Laß uns den Weg der Wahrheit
und der Gerechtigkeit finden.

Erhöre uns
durch Jesus Christus,
der mit dir und dem Heiligen Geist
unsere Welt zu einem guten Ziel führt.

Allmächtiger Gott,
du bist Anfang und Ende der Zeit,
von Ewigkeit zu Ewigkeit. Amen.

Lesungen
Psalm 34; 66
1. Mose 1,1-4a.26-31; 2,1-4a
1. Johannes 5,1-4
Johannes 15,1-8

Kirchengebet

Allmächtiger Gott! Du hast Himmel und Erde aus dem Nichts gerufen. Du hast deinen Sohn Jesus Christus Mensch werden lassen. Du hast unsere Herzen durch deinen Heiligen Geist bezwungen.

Herr, du gibst uns Grund zur Freude und zum Jubel. Deine Schöpfung ist so wunderbar und geheimnisvoll, daß unser Verstand sie im großen wie im kleinen nicht in ihrer Größe und Tiefe ergründen kann. Unser Auge erkennt, was du für uns zum Leben und zur Lebensfreude geschaffen hast. Aber das größte Geheimnis deiner Schöpfung ist Jesus Christus. Wir sollen mit ihm verbunden sein wie eine Rebe mit dem Weinstock. Wenn Christus in uns lebt und wir in ihm, dann sind wir neu geworden. Es ist ein Leben, das Früchte trägt zur Ehre Gottes.

Herr, wir bitten dich, laß uns jeden neuen Tag das Wunder deiner Schöpfung erkennen. Wir sind für sie verantwortlich. Hilf uns bewahren, wo andere zerstören wollen. Laß uns erkennen, daß alle Kreaturen deine Geschöpfe sind. Hilf uns schützen, wo es nötig ist.

Herr, wir bitten dich für alle, die keine Freude an ihrem Leben mehr finden. Für die Einsamen und Kranken, für die Resignierten und Verzweifelten. Laß sie erkennen, daß auch ihr Leben sich wenden kann, wenn sie dich erkennen.

Herr, wir legen alles in deine Hände im Vertrauen darauf, daß du unser Leben führst, durch Jesus Christus. Amen.

Kantate:
4. Sonntag nach Ostern

Wochenspruch
Singet dem Herrn ein neues Lied, denn er tut Wunder.
Psalm 98,1

Kollektengebet
Herr,
einziger und heiliger Gott,
wir bitten dich:

Laß uns das tun, was du willst.
Nicht unser, sondern dein Wille geschehe.
Laß uns deine Gebote halten
und auf dein Kommen warten.

Erhöre uns
durch Jesus Christus,
der mit dir und dem Heiligen Geist
unser Herz und unseren Willen stärkt.

Allmächtiger Gott,
du bist Anfang und Ende der Zeit,
von Ewigkeit zu Ewigkeit. Amen.

Lesungen
Psalm 98
Jesaja 12,1-6
Kolosser 3,12-17
Matthäus 11,25-30

Kirchengebet

Liturg: Ewiger Gott, gütiger Vater im Himmel, du bist uns nahe im Wort deines Sohnes Jesus Christus. Du lenkst unsere Gedanken durch die Kraft deines Heiligen Geistes.

Herr, wir danken dir mit unseren Liedern. Du schenkst uns das Licht des Tages und die Ruhe der Nacht. Du umgibst uns mit deiner Liebe und verwandelst unsere Klage in ein Loblied. Du hast uns geschaffen, damit wir dich loben und preisen. Mit unserem Herzen und mit unserem Mund wollen wir ein neues Lied anstimmen.

Herr, wir bitten dich aber auch für die vielen, denen nicht nach Singen zumute ist. Ihr Herz ist verkrampft, und ihr Mund bleibt stumm. Sie klagen und seufzen über ihr Lebensschicksal. Wir bitten dich für die Einsamen, für die Kranken und Benachteiligten, für die Betrübten und die Unterlegenen. Wir rufen zu dir:
Alle: Herr, erbarme dich!

Liturg: Herr, wir bitten dich für alle, die sich nach Glück und Geborgenheit sehnen, aber deren Herzen leer bleiben, weil sie vergebens auf die Zuneigung anderer warten. Wir bitten dich für die, die angesichts ihrer Mißerfolge und Rückschläge verbittert sind und aufgeben wollen. Wir rufen zu dir:
Alle: Herr, erbarme dich!

Liturg: Herr, wir bitten dich, öffne du unsere Herzen, damit wir frei werden von unseren Ängsten und Sorgen. Verwandle unseren betrübten Geist und erfülle unsere Sinne mit Liebe zu dir. Laß unsere Klagen verstummen, damit wir fröhlich ein neues Lied anstimmen können. Wir rufen zu dir:
Alle: Herr, erbarme dich!

Liturg: Herr des Lebens, im Vertrauen auf dich, auf deine Barmherzigkeit und Güte gehen wir getrost unseren Weg, durch Jesus Christus. Amen.

Rogate:
5. Sonntag nach Ostern

Wochenspruch
Gelobt sei Gott, der mein Gebet nicht verwirft
noch seine Güte von mir wendet.
Psalm 66,20

Kollektengebet
Herr, barmherziger und gnädiger Gott,
wir bitten dich:

Erleuchte uns durch deinen Geist,
damit wir das Rechte tun.
Richte unsere Gedanken auf das Gute.
Lenke unsere Schritte
auf den richtigen Weg.

Erhöre uns
durch Jesus Christus,
der mit dir und dem Heiligen Geist
das Werk unserer Hände lenkt.

Allmächtiger Gott,
du bist Anfang und Ende der Zeit,
von Ewigkeit zu Ewigkeit. Amen.

Lesungen
Psalm 95; 102
2. Mose 32,7-14
1. Timotheus 2,1-6a
Johannes 16,23b-28(29-32)33

Kirchengebet

Liturg: Gelobt seist du, Gott des Himmels und der Erde. Du hast deinen Sohn Jesus Christus vom Tode erweckt und uns das Licht des Lebens geschenkt. Du läßt das Feuer des Geistes vom Himmel in unsere Herzen fallen.

Lektor: Herr, du hast uns zu beten gelehrt: Vater unser im Himmel! Wir danken dir, daß wir zu dir kommen können mit allem, was unser Herz bewegt. Wir danken dir für das Wort, das unseren Gebeten Ausdruck verleiht. Wenn wir beten, dann kann unsere Seele atmen. Wir kreisen nicht mehr um uns selbst oder betrachten nur noch unsere Fragen. Wir wenden uns zu dir hin. Das Gebet gibt unserem Leben festen Halt und einen Blick für den Nächsten.

Liturg: Herr, wir bitten dich für deine Kirche in dieser Welt. Vielfältig und unterschiedlich ist ihre Gestalt. Gib allen, die mit deiner Kirche leben, in ihr arbeiten und den Dienst der Verkündigung, der Lehre und der Seelsorge wahrnehmen, deinen guten Geist. Er leite sie in der Wahrheit und in der Liebe.

Lektor: Herr, wir bitten dich für unser Volk und für alle Völker in der Welt. Laß sie erkennen, daß sie für den Schutz der Menschen vor der Macht der Unordnung und für die Hilfe zum Leben untereinander verantwortlich sind. Allen, die dafür besonders Verantwortung tragen, gib deinen Geist der Besonnenheit und Gerechtigkeit.

Liturg: Herr, wir bitten dich für alle, die auf der Schattenseite des Lebens wohnen. Es ist nicht immer ihre eigene Schuld, sondern auch unsere Lieblosigkeit, die sie an den Rand gedrückt haben. Zeige uns Wege, die zu ihnen führen und ihnen ein wenig Licht in ihre Dunkelheit bringen.

Herr, du bist das Licht der Welt und die Hoffnung unseres Lebens. Wir vertrauen dir alles an und verlassen uns auf Jesus Christus. Amen.

Himmelfahrt

Spruch des Tages
Christus spricht: Wenn ich erhöht werde von der Erde,
so will ich alle zu mir ziehen.
Johannes 12,32

Kollektengebet
Herr,
Gott des Himmels und der Erden,
wir bitten dich:

Gewähre uns Anteil an der Macht,
die du deinem Sohn Jesus Christus verliehen hast.
Laß uns nach dem Himmel Ausschau halten.
Verwandle unser irdisches Leben
durch das Licht des Himmels.

Erhöre uns durch Jesus Christus,
der mit dir und dem Heiligen Geist
Himmel und Erde regiert.

Allmächtiger Gott,
du bist Anfang und Ende der Zeit,
von Ewigkeit zu Ewigkeit.
Amen.

Lesungen
Psalm 47
1. Könige 8,(6-14)22-24.26-28
Apostelgeschichte 1,3-11
Lukas 24,44-53

Kirchengebet

Allmächtiger Gott, Vater unseres Herrn Jesus Christus, du hast alles Sichtbare und Unsichtbare geschaffen. Du erhältst alles nach deinem Willen durch die Macht des Heiligen Geistes.

Herr, du bist bei Gott, deinem Vater, und hast mit ihm und dem Heiligen Geist Macht über alles, was im Himmel und auf Erden ist. Du bist uns fern und doch nah. Wir danken dir, daß du uns nicht vergißt, sondern mit dem Mantel der himmlischen Liebe umhüllst und mit dem Heiligen Geist uns tröstest. Du gibst uns Anteil an deinem Reich, das zu wachsen beginnt. Dein Reich komme, damit endgültig die Gesetze der dunklen Mächte und die des Todes vernichtet werden.

Herr, wir bitten dich, gib uns jeden Tag Mut, auf deine der Welt noch verborgenen Macht zu vertrauen. Gib uns die Hoffnung, daß allen Mächten und Gewalten das Ende angesagt ist.

Herr, wir bitten dich, laß uns tapfer den Versuchungen und Bedrohungen der vermeintlich Starken dieser Welt widerstehen. Es lohnt sich nicht, das Glück in den Dingen dieser Welt zu suchen. Unser Glück ist auch nicht in uns selbst zu finden, sondern allein in dir.

Herr, wir bitten dich, erhalte uns bei deinem Wort. Brot und Wein sind unsere Stärkung auf dem Weg zum Himmel. Deshalb loben und preisen wir dich, den Herrn aller Herren, den König aller Könige, unseren Heiland und Erretter.

Herr, Licht des Himmels und der Erde, laß uns tun, was dein Wille über unserem Leben ist. Bewahre und behüte uns durch Jesus Christus. Amen.

Exaudi:
6. Sonntag nach Ostern

Wochenspruch:
Christus spricht: Wenn ich erhöht werde von der Erde,
so will ich alle zu mir ziehen.
Johannes 12,32

Kollektengebet
Herr, allmächtiger und ewiger Gott,
wir bitten dich:

Hilf uns, daß wir unser Leben
nicht eigenmächtig in die Hand nehmen,
sondern dir mit ganzem Herzen dienen.
Laß uns vor dir still werden
und auf dein Wort warten.

Erhöre uns
durch Jesus Christus,
der mit dir und dem Heiligen Geist
unser Leben in deinen Dienst stellt.

Allmächtiger Gott,
du bist Anfang und Ende der Zeit,
von Ewigkeit zu Ewigkeit. Amen.

Lesungen
Psalm 27
Jeremia 31,31-34
Epheser 3,14-21
Johannes 15,26 - 16,4

Kirchengebet

Großer Gott, Herr allen Lebens. Durch Jesus Christus hast du die Welt errettet. Mit deinem Heiligen Geist regierst du die Herzen der Menschen.

Herr, wir danken dir, daß du auf unsere Stimme hörst. Du läßt uns nicht allein, wenn uns andere verlassen. Du hältst zu uns, wenn wir in die Enge getrieben werden. Du hast uns den Geist verheißen, der uns die Wahrheit lehrt. Das ist eine Verheißung, auf die wir vertrauen können. Du stärkst unsere schwache Lebenshoffnung und machst unser Leben reicher. Wir warten darauf, daß du in uns Gestalt annimmst.

Herr, wir bitten dich für die, die ungeduldig sind. Sie verlassen sich lieber auf ihre eigene Kraft. Sie trauen dem Himmel nicht. Ihre Mittel sind oft Gewalt und Angst. Am Ende ist dann vieles zerbrochen.

Herr, wir bitten dich für die, die mit der Leidenschaft ihres Herzens die schlimmen Verhältnisse und bösen Ungerechtigkeiten in dieser Welt abschaffen wollen. Gib ihnen den Geist der Liebe, der Gerechtigkeit und der Gewaltlosigkeit. Mache sie tapfer und mutig, für dich einzutreten und den Weg der Nachfolge zu gehen.

Herr, wir bitten dich um deinen Geist, der unsere Herzen zum Guten bewegt. Er läßt uns tätig werden, wo und wie es dein Wille ist, damit dein Reich in dieser Welt beginne.

Herr über Leben und Tod, dein Wort und deine Güte führen uns am Tage und sind Zeichen in der Nacht. Wir vertrauen dir von ganzem Herzen, durch Jesus Christus. Amen.

Pfingsten

Der 50. Tag nach Ostern war Abschluß der österlichen Freudenzeit. Im 4. Jahrhundert ist dieser Tag zu einem eigenen Fest geworden. »Ihr werdet die Kraft des Heiligen Geistes empfangen«, so sprach Jesus vor seiner Himmelfahrt zu den Jüngern (Apostelgeschichte 1,8). Am Pfingsttag kam über die Jünger der verheißene Heilige Geist wie mit Feuerflammen. Pfingsten ist zugleich der Geburtstag der Kirche, denn der Heilige Geist ist es, der die Menschen in der Gemeinde sammelt, beruft und erleuchtet. »Ich glaube an den Heiligen Geist, die heilige, christliche Kirche, die Gemeinschaft der Heiligen ...« (Apostolisches Glaubensbekenntnis).
Pfingsten hat nichts mit Verzückung und Massenhysterie zu tun. Weder psychische Zusammenbrüche noch Ohnmachten einer in Ekstase gera-

tenen Gesellschaft haben hier ihren Platz. Schon Petrus hatte sich gegen den Vorwurf zu wehren, daß in der pfingstlichen Gemeinde der Geist des süßen Weines am Werke war. Der Geist Gottes begibt sich nicht auf das Feld billiger Demonstration. Paulus schreibt den Zungenrednern und Schwätzern der Gemeinde in Korinth sehr deutlich: »Aber ich will in der Gemeinde lieber fünf Worte reden mit meinem Verstand, damit ich auch andere unterweise, als zehntausend Worte in Zungen ... Wenn nun die ganze Gemeinde an einem Ort zusammenkäme und alle redeten in Zungen, es kämen aber Unkundige oder Ungläubige hinein, würden sie nicht sagen, ihr seid von Sinnen?« (1. Korinther 14,19 + 23). Es ist auch heute angebracht, darauf hinzuweisen, daß Pfingsten ein Fest verständlicher Rede ist.

Der Geist Gottes kommt zu uns durch das Wort Jesu Christi. Wir müssen bekennen: In Jesus Christus ist das Wort Gottes Fleisch, das heißt Mensch, geworden. In ihm und durch ihn hat Gott seinen Willen offenbart. Allein in Jesus Christus erfahren wir den Plan Gottes mit uns und seiner Schöpfung. Wir sollten also das Wort Jesu nicht geringschätzen. Wir spinnen so häufig unsere eigenen Gedanken über Gott und die Welt, wir bauen kunstvoll Gedankengebäude, kluge philosophische oder naturwissenschaftliche Abhandlungen halten wir für wesentlich lesenswerter als die Gleichnisse oder die Erzählungen Jesu. Da suchen wir nach der Wahrheit, nach dem Sinn des Lebens in hohen Regionen menschlicher Weisheit, und unsere Augen bleiben blind für die Wahrheit, wie sie uns Christus gelehrt hat. Es ist der Geist Gottes, der zu uns kommen will durch Jesus Christus. Er macht, daß unsere alte, gebundene Existenz zu einer neuen Existenz heranreift. Wir reifen heran, das heißt: Wir sind im Werden. Das christliche Leben besteht nicht im Sein, sondern im Werden, nicht im Sieg, sondern im Kampf.

Dem Geist Gottes gebe ich Raum in meinem Leben, damit er es schöpferisch verwandelt. Dies bedeutet den Widerstreit des neuen mit dem alten Menschen. Paulus bringt das so zum Ausdruck: »Ist jemand in Christus, so ist er eine neue Kreatur; das Alte ist vergangen, siehe, Neues ist geworden!« (2. Korinther 5,17). Damit ist dem Adam in uns das Todesurteil verkündigt. Dieser alte Adam jedoch wehrt sich mit allen Mitteln gegen die Vollstreckung des Urteils. Darum ist es meine alte Existenz, die mich immer wieder in die Unfreiheit ziehen will. So werde ich hin und her gerissen. Doch der Geist Gottes ist Erinnerung. Er erinnert mich an die neue Möglichkeit, die mir durch Jesus Christus angeboten ist. Wort und Geist erneuern ständig mein Leben.

Das heilige Pfingstfest – Pfingstsonntag: Tag der Ausgießung des Heiligen Geistes

Wochenspruch
Es soll nicht durch Heer oder Kraft,
sondern durch meinen Geist geschehen,
spricht der Herr Zebaoth.
Sacharja 4,6

Kollektengebet
Herr, heiliger Gott und Vater,
wir bitten dich:

Erleuchte Herz und Verstand
durch deinen Heiligen Geist.
Gib uns das Licht der Erkenntnis.
Entzünde in uns das Feuer deines Geistes,
das uns verwandelt.
Lehre und tröste uns.

Erhöre uns
durch Jesus Christus,
der mit dir und dem Heiligen Geist
diese Welt und unser Leben neu macht.

Allmächtiger Gott,
du bist Anfang und Ende der Zeit,
von Ewigkeit zu Ewigkeit. Amen.

Lesungen
Psalm 118
4. Mose 11,11-12.14-17.24-25
Apostelgeschichte 2,1-8
Johannes 14,23-27

Kirchengebet

Gott, wir loben und preisen dich für deine Liebe, mit der du uns in Jesus Christus begegnest. Du berührst unser Herz und erneuerst unsere Sinne durch die Kraft deines Heiligen Geistes.

Heiliger Geist, du schwebtest einst über den Wassern und hast ins Dasein gerufen, was im Finstern verborgen war. Du hast aus dem, was einst wüst und leer war, Leben geschaffen. Du hast aus Finsternis Licht gemacht.

Herr, wir bitten dich um deinen Geist. Entzünde unsere kalten Herzen, bewege unsere trägen Sinne und erfülle uns mit Kraft, Liebe und Besonnenheit.

Heiliger Geist, du machst aus Nacht den Tag, aus Verwirrung die Ordnung, aus dem Tod das Leben. Du berufst deine Gemeinde auf Erden und verleihst ihr Gaben, die Menschen zum Zeugnis, zur Lehre und zur Nächstenliebe befähigen.

Herr, wir bitten dich um deinen Geist. Er ist ein Geist des Friedens, der böse Gedanken und tödliche Pläne des Menschen überwältigt. Er ist ein Geist, der gegen alles Widerstand leistet, was Leben zerstören will. Er lehrt uns, das zu tun, was dein Wille ist.

Herr, Heiliger Geist, du heilst unsere verworrene Sprache und unsere zerrissenen Herzen. Du vollendest diese Schöpfung und rufst das Vergängliche zu neuem Leben. Komme über uns und verwandle uns.

Herr, Heiliger Geist, wir vertrauen dir, daß du mit uns gehst auf unseren Wegen und wir dem Tag entgegengehen, an dem (dein Sohn) Jesus Christus wiederkommt. Amen.

Pfingstmontag

Wochenspruch
Es soll nicht durch Heer oder Kraft,
sondern durch meinen Geist geschehen,
spricht der Herr Zebaoth.
Sacharja 4,6

Kollektengebet
Herr, heiliger, ewiger Gott,
wir bitten dich:

Verleihe uns wie deinen Jüngern
die Kraft des Heiligen Geistes.
Durch ihn berufe uns
zu Boten des Friedens
und zu Zeugen der Wahrheit.

Erhöre uns
durch Jesus Christus,
der mit dir und dem Heiligen Geist
uns zum Werkzeug deines Friedens macht.

Allmächtiger Gott,
du bist Anfang und Ende der Zeit,
von Ewigkeit zu Ewigkeit. Amen.

Lesungen
Psalm 100
1. Samuel 3,1-14
1. Korinther 12,4-11
Matthäus 16,13-19

Kirchengebet

Großer Gott, deine Wege sind unerforschlich und deine Wunder unermeßlich. Dein Sohn Jesus Christus ist der Retter der Welt, die dich verloren hat. Dein Geist ist es, der unsere Herzen verwandelt.

Herr, wir danken dir, daß du mit deinem Geist bei uns bist. Dein Wort hilft uns und läßt uns den Weg des Lebens erkennen. Nicht durch unsere Kraft verändert sich die Welt, sondern durch deinen Geist. Dein Geist wird zur Einheit aller führen, die dich bekennen. Du hast uns zugesagt, daß wir die Kraft des Heiligen Geistes empfangen werden.

Herr, wir bitten dich, erwecke uns zu neuem Glauben, der unserem Leben Sinn gibt. Wir bitten dich ... um den Geist der Liebe, der Menschen miteinander verbindet, die der Haß trennt. ... um den Geist des Friedens, der Leben schenkt und uns vor dem Tod durch Gewalt und Zerstörung bewahrt.

... um den Geist, der Hoffnung weckt, der angesichts aussichtsloser Situationen die Hoffnung nicht aufgibt.

... um den Geist, der den Verfolgten, Hungernden und Gefangenen in aller Welt Gerechtigkeit widerfahren läßt; der die Mächtigen unserer Zeit bezwingt und sie ihre Verantwortung zum Guten wahrnehmen läßt.

... um den Geist, der in uns Vertrauen weckt, inmitten einer Welt des Mißtrauens und der Konkurrenz; der nicht den eigenen Vorteil auf Kosten der anderen sucht, sondern bereit ist, für den anderen sich zur Verfügung zu stellen.

... um den Geist, der uns inmitten einer Welt des Stolzes, des Hochmuts und der Eitelkeiten schlicht und einfach zu leben lehrt; der den anderen nicht verachtet, sondern ihn ehrt.

... um den Geist, der uns zum ewigen Leben den Weg weist und uns erhält bis zu dem Tag, an dem du wiederkommst.

Herr, du bist der Grund unseres Lebens. Du bist das Licht unserer Seele. Laß es in uns und in dieser Welt durch Jesus Christus hell werden. Armen.

Trinitatis:
Tag der Heiligen Dreieinigkeit

Wochenspruch
Heilig, heilig, heilig ist der Herr Zebaoth,
alle Lande sind seiner Ehre voll.
Jesaja 6,3

Kollektengebet
Herr, heiliger und ewiger Gott,
wir bitten dich:

Laß uns das Geheimnis
deiner Gottheit erkennen,
damit wir dich in deiner
Herrlichkeit anbeten können.

Erhöre uns
durch Jesus Christus,
der mit dir und dem Heiligen Geist
Himmel und Erde regiert.

Allmächtiger Gott,
du bist Anfang und Ende der Zeit,
von Ewigkeit zu Ewigkeit. Amen.

Lesungen
Psalm 145
Jesaja 6,1-13
Römer 11,32-36
Johannes 3,1-15

Kirchengebet

Allmächtiger, ewiger Gott. Du bist im Himmel, und wir sind auf Erden. Du bist bei uns durch Jesus Christus, deinen Sohn, und durch die Kraft deines Geistes.

Herr, wir danken dir für die Fülle des Lebens, die du uns jeden Tag schenkst. Du umfängst mit deiner Liebe Himmel und Erde. Du rufst den Morgen, und du läßt es Abend werden. Du gibst uns Zeit zum Leben. Du holst uns zurück am Ende unserer Tage. Du läßt uns die Wunder der Natur erkennen, die Geheimnisse menschlichen Lebens begreifen und gibst uns Anteil an der schöpferischen Entfaltung unserer Fähigkeiten.

Herr, du bist unser Vater im Himmel. Wir beten dich an, weil wir dir unser Leben verdanken. Wir bitten dich, gib denen einen Teil der Lebensfülle, die im Schatten ihrer Möglichkeiten stehen. Laß uns unser tägliches Brot mit denen teilen, die nichts haben.

Herr, du bist Jesus Christus, Sohn des Vaters im Himmel. Wir bitten dich um die Erkenntnis, daß du der Herr über Leben und Tod bist. Durch dein Kreuz hast du uns versöhnt mit Gott und den Weg des wahren Lebens gezeigt. Mache uns bereit, dir nachzufolgen.

Herr, du bist der Geist, der alles Sterbende zum Leben ruft. Wir bitten dich, laß uns den Sinn des Lebens erkennen und in Liebe einander dienen. Verwandle unser Herz und stille unsere Sehnsucht nach Erlösung.

Großer und gütiger Gott, du bist unsere Hoffnung und Zuversicht. Wir halten uns an deinen Sohn Jesus Christus, der die Auferstehung und das Leben ist. Amen.

Nach Trinitatis

An Trinitatis, dem Fest der Heiligen Dreifaltigkeit oder Dreieinigkeit, wird Gott als Vater, Sohn und Heiliger Geist bekannt. Neben dem Apostolischen Glaubensbekenntnis wird vornehmlich das Nizänische Glaubensbekenntnis im Gottesdienst gesprochen. An den Sonntagen nach Trinitatis ist die Rede von der Fülle des Lebens, die der dreieinige Gott für uns entfalten will. Dieses betrifft die im Gottesdienst versammelte Gemeinde wie auch den einzelnen Christen.

Martin Luther hat in seiner Erklärung zu den drei Glaubensartikeln den Gedanken, daß der einzelne betroffen ist, festgehalten: »Ich glaube, daß *mich* Gott geschaffen hat samt allen Kreaturen, *mir* Leib und Seele, Augen, Ohren und alle Glieder, Vernunft und alle Sinne gegeben hat und noch erhält.« – »Ich glaube, daß Jesus Christus, wahrhaftiger Gott vom Vater in Ewigkeit geboren und auch wahrhaftiger Mensch von der Jungfrau Maria geboren, sei *mein* Herr, der *mich* verlorenen und verdammten Menschen erlöset hat.« – »Ich glaube, daß ich nicht aus eigener Vernunft noch Kraft an Jesus Christus, *meinen* Herrn, glauben oder zu ihm kommen kann; sondern der Heilige Geist hat *mich* durch das Evangelium berufen, mit seinen Gaben erleuchtet, im rechten Glauben geheiligt und erhalten.«

Schöpfung, Erlösung und Heiligung sind das Fundament, auf dem unser natürliches und geistliches Leben aufgebaut werden kann. Damit ist uns gleichsam ein Grundmuster für unser Leben vorgegeben. Diese Grundordnung hilft zur Orientierung für ein Leben, dessen Anfang, Mitte und Ziel Gott ist.

Die Schöpfung Gottes gibt Antwort auf die Frage unserer Herkunft. Nicht die Spekulation, sondern die Gewißheit des Glaubens sieht den Anfang immer bei Gott. Sichtbares und Unsichtbares hat er geschaffen. Die Lebensfülle der vielfältigen Wunder, die in der Natur und im Menschen angelegt sind, soll nach Gottes Willen entfaltet werden.

Gott hat uns darum die Freiheit und Verantwortung gegeben, damit wir den Garten des Menschlichen pflegen und bewohnbar halten. Doch den Anforderungen der Freiheit und der Verantwortung können und wollen wir nicht entsprechen. Wir entziehen uns Gott und nehmen selbst unser Leben in die Hand. Damit widersprechen wir Gott und überschreiten die von ihm gesetzten Grenzen. Statt Liebe kommt Haß, statt Leben der Tod. Darum hat uns Gott durch Jesus Christus die Möglichkeit aufgezeigt, daß sich unser Leben verändern kann. Es muß nicht alles beim alten bleiben. Mit ihm, dem am Kreuz für uns gestorbenen Jesus und dem am Ostermorgen auferstandenen Christus sind wir mit in die Verwandlung des Todes zum Leben hineingenommen. Das ist der Anfang der Erlösung aller geschaffenen Kreatur, die unter der Vergänglichkeit seufzt.

Die Sehnsucht nach Erlösung und Vollendung des Begonnenen ist unsere größte Sehnsucht. Der Geist Gottes heiligt und heilt uns. Wir sind nicht mehr dem Tod verfallen, sondern der Geist verwandelt unser verstocktes und versteinertes Herz. Gottes Geist, der einst über den Wassern schwebte, führt die Schöpfung und unser Leben einem guten Ziel entgegen.

1. Sonntag nach Trinitatis

Wochenspruch
Christus spricht: Wer euch hört, der hört mich;
und wer euch verachtet, der verachtet mich.
Lukas 10,16

Kollektengebet
Herr,
heiliger Gott und Vater,
wir bitten dich:

Laß uns im Leben und Sterben
allein auf dich vertrauen.
Hilf uns in unserer Schwachheit,
damit wir dir dienen können.

Erhöre uns
durch Jesus Christus,
der mit dir und dem Heiligen Geist
unser Leben zum Dienst bereit macht.

Allmächtiger Gott,
du bist Anfang und Ende der Zeit,
von Ewigkeit zu Ewigkeit. Amen.

Lesungen
Psalm 34
5. Mose 6,4-9
1. Johannes 4,16b-21
Lukas 16,19-31

Kirchengebet

Allmächtiger, ewiger Gott, du bist in deinem Sohn Jesus Christus zu uns gekommen. Du lehrst und tröstest uns durch die Kraft des Heiligen Geistes.

Herr, wir danken dir, daß wir mit allem, was uns bewegt, zu dir kommen dürfen. Du verstößt keinen von uns. Wer von deiner Liebe ergriffen ist, bleibt nicht allein, denn du bist bei ihm. Deine Liebe erwärmt unser kaltes Herz und öffnet unseren verschlossenen Blick. Deine Liebe ist es, die unsere Augen sehen und unsere Ohren hören lehrt. Wer dich liebt, der vergißt auch den nächsten nicht. Die Liebe zu uns selbst verwandelst du in Zuneigung zu denen, die auf Liebe warten.

Herr, wir bitten dich, befreie uns von dem tödlichen Egoismus, der unser Herz zu Stein werden läßt. Gib uns Glaube, Hoffnung und Liebe, die sich ganz in deinen Dienst stellen. Lehre uns die Hingabe unserer Kraft, Zeit und Liebe an die, die ohne Hoffnung unter uns leben.

Herr, wir bitten dich, zeige uns und deiner Gemeinde den Weg zu den Enttäuschten und Vergessenen, zu den Armen und Entrechteten, zu den Verfolgten und zu den Gescheiterten. Aber gib uns auch die Freiheit, zu den Reichen und Mächtigen, zu den Geizigen und Erfolgreichen zu gehen. Auch ihnen gilt deine Liebe, wie allen Geschöpfen unter dem Himmel.

Herr, wir bitten dich, deine große Liebe verwandle uns alle zu Menschen, die nach deinem Bild leben. Schon ein wenig von deiner Liebe kann vieles verändern.

Erhöre unser Gebet, barmherziger Gott und Vater, durch unseren Herrn Jesus Christus. Amen.

2. Sonntag nach Trinitatis

Wochenspruch
Christus spricht: Kommt her zu mir,
alle, die ihr mühselig und beladen seid;
ich will euch erquicken.
Matthäus 11,28

Kollektengebet
Herr,
himmlischer Vater,
wir bitten dich:

Laß uns nicht allein
in unserer Not.
Führe uns an deiner Hand,
damit wir die Angst überwinden.

Erhöre uns
durch Jesus Christus,
der mit dir und dem Heiligen Geist
die Welt überwunden hat.

Allmächtiger Gott,
du bist Anfang und Ende der Zeit,
von Ewigkeit zu Ewigkeit. Amen.

Lesungen
Psalm 36
Jesaja 55,1-5
Epheser 2,17-22
Lukas 14,15-24

Kirchengebet

Allmächtiger Gott! Du hast Himmel und Erde aus dem Nichts gerufen. Du hast deinen Sohn Jesus Christus Mensch werden lassen. Du hast unsere Herzen durch den Heiligen Geist bezwungen.

Herr, wir danken dir, daß wir mit allem, was uns bewegt, zu dir kommen dürfen. Du lädst uns ein, vor dir unser Herz auszuschütten. Du hast uns einen Tisch bereitet, an dem wir Nahrung für unsere Seele und Stärkung für unser Leben finden. Wir danken dir für das Brot des Lebens und für das Wasser, das aus der Quelle deiner Liebe fließt. Du kennst unsere Mühen und Sorgen, aber du willst uns stärken. Du läßt uns mit unserer Angst nicht allein.

Herr, wir bitten dich für alle, die mühselig und beladen, enttäuscht und verbittert sind. Für alle, die im Dienst deiner Gemeinde stehen. Gib ihnen Mut, wenn sie resignieren wollen, Glauben, wenn sie ihr Vertrauen verlieren. Schenke ihnen die Phantasie der Liebe und Worte der Ermutigung. Mache sie zum Dienst an denen fähig, die deine Nähe und Hilfe benötigen.

Herr, wir bitten dich für alle, die in Ämtern, Behörden, Krankenhäusern und Schulen tätig sind. Oft haben sie die Freude an ihrem Beruf verloren, weil sie sowenig Erfolge und Fortschritte erreichen konnten. Mühsam ist ihr Alltag geworden. Laß uns für sie Zeichen und Worte der Ermutigung finden, denn ihr Dienst gilt den Menschen.

Herr, wir bitten dich für alle, die krank und einsam, betrübt und erschrocken sind; für die, die den Mut sinken lassen und nichts mehr vom Leben erwarten; für die jungen Menschen, die oft keine Zukunft sehen; für die Alten, die nur noch auf ihr Ende warten; für die, die unter der Last ihrer Arbeit zusammenbrechen und keine Zeit mehr für dich und die Nächsten finden.

Herr, wir legen alles in deine Hände im Vertrauen darauf, daß du unser Leben führst, durch Jesus Christus. Amen.

3. Sonntag nach Trinitatis

Wochenspruch
Der Menschensohn ist gekommen, zu suchen
und selig zu machen, was verloren ist.
Lukas 19,10

Kollektengebet
Herr,
Vater im Himmel,
heiliger Gott,
wir bitten dich:

Erbarme dich über uns, die wir
von den Gütern dieser Welt verführt
und von dem Ziel unseres Lebens
abgelenkt werden.

Erhöre uns
durch Jesus Christus,
der mit dir und dem Heiligen Geist
uns sucht und rettet.

Allmächtiger Gott,
du bist Anfang und Ende der Zeit,
von Ewigkeit zu Ewigkeit. Amen.

Lesungen
Psalm 103
Hesekiel 18,1-4.21-24.30-32
1. Timotheus 1,12-17
Lukas 15,1-10

Kirchengebet

Ewiger Gott, gütiger Vater im Himmel. Du bist uns nahe im Wort deines Sohnes Jesus Christus. Du lenkst unsere Gedanken durch die Kraft deines Heiligen Geistes.

Herr, wir danken dir, daß du keinen von uns vergißt. Jeder von uns ist ein Geschöpf, das du liebst, auch wenn wir unsere eigenen Wege gehen und uns von dir entfernen, so verlierst du uns nie aus den Augen. Wenn wir zu dir zurückkehren, nimmst du uns auf. Du willst nicht, daß wir den Weg des Todes gehen, sondern den Weg zum Leben finden. Herr, du bist in die Welt gekommen, um zu suchen und selig zu machen, was verloren ist.

Herr, wir bitten dich für alle, die den Weg zum Leben suchen. Ihre Sehnsucht ist groß und ihre Trauer tief, wenn sie vergeblich nach dem Sinn ihres Lebens fragen. Oft werden sie von Verzweiflung und Einsamkeit ihres Herzens immer weiter in die Irre getrieben.

Herr, wir bitten dich, gib ihnen Zeichen, die sie den richtigen Weg lehren. Laß sie erkennen, daß ihre Sehnsucht nur dann gestillt wird, wenn sie dich als die Quelle ihres Lebens erkannt haben.

Herr, wir bitten dich für alle, die unsicher sind in ihrem Leben. Sie leiden unter der Unruhe ihres Herzens. Sie haben oft alles für ihren Leib, aber dabei kommt ihre Seele zu kurz. Sie stellen sich stark, aber verbergen dahinter nur ihre Schwächen.

Herr, wir bitten dich für uns alle, die wir nach deiner Nähe Sehnsucht haben und auf die Freude warten, die aus dem Himmel kommt. Wir öffnen dir unser Herz.

Herr des Lebens, im Vertrauen auf dich, auf deine Barmherzigkeit und Güte, gehen wir getrost unseren Weg, durch Jesus Christus. Amen.

4. Sonntag nach Trinitatis

Wochenspruch
Einer trage des andern Last,
so werdet ihr das Gesetz Christi erfüllen.
Galater 6,2

Kollektengebet
Herr,
allmächtiger, ewiger Gott,
wir bitten dich:

Befreie unser Herz
von Mutlosigkeit und Angst.
Wehre aller Selbstgerechtigkeit,
die uns dem anderen gegenüber
schuldig werden läßt.

Erhöre uns
durch Jesus Christus,
der mit dir und dem Heiligen Geist
uns die Liebe zum Nächsten lehrt.

Allmächtiger Gott,
du bist Anfang und Ende der Zeit,
von Ewigkeit zu Ewigkeit. Amen.

Lesungen
Psalm 42
1. Mose 50,15-21
Römer 14,10-13
Lukas 6,36-42

Kirchengebet

Liturg: Gelobt seist du, Gott des Himmels und der Erde. Du hast deinen Sohn Jesus Christus vom Tode erweckt und uns das Licht des Lebens geschenkt. Du läßt das Feuer des Geistes vom Himmel in unsere Herzen fallen.

Herr, wir danken dir für deine Güte, mit der du uns umgibst und hältst. Wir haben es nicht verdient, daß du soviel Geduld mit uns hast. Du bist in deiner Liebe und Zuneigung zu uns unergründlich. Du siehst zwar unser hartes Herz und unsere stolzen und hochfahrenden Gedanken. Dennoch schenkst du uns immer wieder von neuem die Möglichkeit, neue Menschen zu werden. Herr, wir rufen zu dir:
Alle: Herr, erbarme dich unser!

Liturg: Herr, wir bitten dich, vergib uns alle bösen Gedanken, mit denen wir andere richten und verurteilen. Vergib uns, daß wir oft so unversöhnlich sind. Dann haben wir nicht Gedanken der Liebe und des Friedens, sondern des Hasses und der Zwietracht. Wir rufen zu dir:
Alle: Herr, erbarme dich unser!

Liturg: Herr, wir sehen den Splitter im Auge unseres Nächsten, aber den Balken in unserem eigenen Auge nehmen wir nicht wahr. Schnell sind wir mit dem Urteil über die Schwächen des anderen, aber unsere eigenen Fehler sehen wir nicht. Wir rufen zu dir:
Alle: Herr, erbarme dich unser!

Liturg: Herr, laß uns in Liebe und Frieden miteinander umgehen, damit wir lernen, die Lasten des anderen mit zu tragen. Vergib uns unsere Schuld, damit auch wir frei werden, anderen die Schuld zu erlassen. Wir rufen zu dir:
Alle: Herr, erbarme dich unser!

Liturg: Herr, du bist das Licht der Welt und die Hoffnung unseres Lebens. Wir vertrauen dir alles an und verlassen uns auf Jesus Christus. Amen.

5. Sonntag nach Trinitatis

Wochenspruch
Aus Gnade seid ihr selig geworden durch den Glauben,
und das nicht aus euch: Gottes Gabe ist es.
Epheser 2,8

Kollektengebet
Herr,
allmächtiger Gott,
lieber Vater im Himmel,
wir bitten dich:

Lenke den Lauf der Welt,
damit sie vor Krieg bewahrt werde.
Laß uns auf das Kreuz
als das Zeichen der Versöhnung
und des Friedens blicken.

Erhöre uns
durch Jesus Christus,
der mit dir und dem Heiligen Geist
uns und die Welt retten will.

Allmächtiger Gott,
du bist Anfang und Ende der Zeit,
von Ewigkeit zu Ewigkeit. Amen.

Lesungen
Psalm 73
1. Mose 12,1-4a
1. Korinther 1,18-25
Lukas 5,1-11

Kirchengebet

Allmächtiger Gott, Vater unseres Herrn Jesus Christus, du hast alles Sichtbare und Unsichtbare geschaffen. Du erhältst alles nach deinem Willen durch die Macht deines Heiligen Geistes.

Herr, wir danken dir, daß du uns in deinen Dienst rufst. Auf dein Wort hin gehen wir in die Welt, um deine Botschaft weiterzusagen. Dein Wort ist unseres Fußes Leuchte und ein Licht auf unseren Wegen. Wir danken dir, daß du uns nicht allein läßt, sondern mit uns gehst durch gute und schlechte Zeiten. Du selbst gibst uns durch deinen Geist Gaben, die uns zu einem Leben in deiner Nachfolge befähigen. Unsere Kraft allein reicht nicht dazu aus. Doch die Kraft deines Geistes lehrt uns, recht zu reden und zu handeln.

Herr, wir bitten dich, mache uns frei von allem, was uns unbeweglich macht. Laß uns nicht auf unsere persönlichen Vorteile ängstlich bedacht sein, sondern offen werden für das Kommen deines Reiches.

Herr, wir bitten dich für alle, die du in deinen Dienst gerufen hast. Gib ihnen den Mut, mit deinem Wort in die Welt zu gehen, sich auf den Weg zu denen zu machen, die auf den Trost und die Hilfe deiner Liebe warten.

Herr, wir bitten dich für alle, die dein Wort verkündigen. Lehre sie das Geheimnis deines Kreuzes, das das Zeichen der Hingabe und der Rettung ist. Dein Wort wird nicht leer zurückkommen, wenn es einmal in das Herz des Menschen geschrieben wurde.

Herr, wir bitten dich für alle, die resignieren, weil sie kaum Erfolg in ihrer Arbeit an deinem Reich sehen. Dein Ziel, an dem sie mitarbeiten, ist erst am Ende aller Zeiten sichtbar. Wir aber wissen, daß unter uns dein Reich wächst.

Herr, Licht des Himmels und der Erde, laß uns befolgen, was dein Wille über unserem Leben ist. Bewahre und behüte uns, durch Jesus Christus. Amen.

6. Sonntag nach Trinitatis

Wochenspruch
So spricht der Herr, der dich geschaffen hat:
Fürchte dich nicht, denn ich habe dich erlöst;
ich habe dich bei deinem Namen gerufen; du bist mein!
Jesaja 43,1

Kollektengebet
Herr,
großer Gott,
lieber Vater,
wir bitten dich:

Erfülle unser Herz
mit einer ungetrübten Liebe zu dir,
unserem Schöpfer.
Umgib uns mit deiner Güte.
Wecke Vertrauen zu dir.

Erhöre uns
durch Jesus Christus,
der mit dir und dem Heiligen Geist
uns zu neuem Leben erweckt.

Allmächtiger Gott,
du bist Anfang und Ende der Zeit,
von Ewigkeit zu Ewigkeit. Amen.

Lesungen
Psalm 139
Jesaja 43,1-7
Römer 6,3-11
Matthäus 28,16-20

Kirchengebet

Großer Gott, Herr allen Lebens. Durch Jesus Christus hast du die Welt errettet. Durch deinen Heiligen Geist regierst du die Herzen der Menschen.

Herr, wir danken dir, daß du jeden von uns mit seinem Namen kennst. Durch die Taufe hast du uns zugesagt, daß du bei uns bist und uns erlöst hast von der Gewalt des Bösen und des Todes. Wenn wir in dieser Welt auch noch Angst vor dem Tod haben, so können wir dennoch im festen Vertrauen darauf leben, daß wir mit dir auferstehen und leben werden. Du gehst mit uns, wenn unser Leben bedroht ist. Was immer auch geschieht, Begreifliches und Unbegreifliches, Leichtes und Schweres, Frohes und Trauriges, im Vertrauen auf dich sind wir geborgen.

Herr, wir bitten dich für alle, die in Angst und Schrecken leben, die nach Erlösung aus dem Gefängnis schreien, aus dem sie sich nicht selbst befreien können. Es sind Besitz und Geld, Macht und Einfluß, Ehrgeiz und Hochmut, die ein Menschenleben zerstören können.

Herr, wir bitten dich für alle, denen das Wasser bis zum Hals steht, die von den Strömen der Gefahr mitgerissen werden und die im Feuer der Versuchung zu verbrennen drohen. Erlöse sie von dem Bösen und bewahre sie vor dem Tod ihrer Seele.

Herr, wir bitten dich für alle, die vergessen haben, daß sie auf deinen Namen getauft sind. Ihr Leben trägt das Zeichen deines Kreuzes und das Zeichen deines Segens. Sie und uns alle laß deine ausgestreckte Hand ergreifen, denn wir gehören zu dir.

Herr über Leben und Tod, dein Wort und deine Güte führen uns am Tag und sind Zeichen in der Nacht. Wir vertrauen dir von ganzem Herzen, durch Jesus Christus. Amen.

7. Sonntag nach Trinitatis

Wochenspruch
So seid ihr nun nicht mehr Gäste und Fremdlinge,
sondern Mitbürger der Heiligen und Gottes Hausgenossen.
Epheser 2,19

Kollektengebet
Herr, Gott allen Lebens,
lieber Vater im Himmel,
wir bitten dich:

Erhalte in uns die Gewißheit,
daß wir dir gehören.
Schenke uns die Gemeinschaft
derer, die dich im Gebet,
bei Brot und Wein bekennen.

Erhöre uns
durch Jesus Christus,
der mit dir und dem Heiligen Geist
uns das Wort deiner Botschaft aufträgt.

Allmächtiger Gott,
du bist Anfang und Ende der Zeit,
von Ewigkeit zu Ewigkeit. Amen.

Lesungen
Psalm 107
2. Mose 16,2-3.11-18
Apostelgeschichte 2,41a.42-47
Johannes 6,1-5

Kirchengebet

Gott, wir loben und preisen dich für deine Liebe, mit der du uns in Jesus Christus begegnest. Du berührst unser Herz und erneuerst unsere Sinne durch die Kraft deines Heiligen Geistes.

Herr, wir danken dir, daß du uns unser tägliches Brot gibst. Du lädst uns an einen reichgedeckten Tisch. Du gibst aber nicht nur Nahrung für den Leib, sondern du schenkst uns auch Nahrung für unsere Seele. Brot und Wein wollen uns auf den Weg zu dir stärken. Vielen von uns geht es gut. Wir haben keinen Mangel an irdischen Gütern. Das ist ein großes Geschenk. Aber auch die Gefahr liegt darin verborgen, daß wir immer mehr haben wollen, was wir nicht nötig haben. Du erwartest von uns die Freiheit des Teilens mit denen, die das Lebensnotwendige nicht haben.

Herr, wir bitten dich, öffne du unser verschlossenes Herz, und unsere Hände löse von dem, was sie so verkrampft festhalten. Du hast auf dieser Erde für alle den Tisch gedeckt.

Herr, wir bitten dich um die Freiheit des Teilens mit denen, die Hunger leiden. Es darf nicht sein, daß wir an ihrem Elend und ihrem Tod schuldig werden. Es darf nicht sein, daß wir auf Kosten der Armen immer reicher werden. Du hast uns das Beispiel gegeben, daß durch Teilen alle satt werden können.

Herr, wir bitten dich, befreie uns von der ängstlichen Sorge um unser Leben. Du gibst jedem, der dir vertraut, schon das, was er nötig hat. Gib uns Gemeinschaft untereinander, die sich an deine Worte hält, die in Brot und Wein deine Nähe erfährt und im Gebet dich anruft.

Herr, wir vertrauen dir, daß du mit uns gehst auf unseren Wegen und wir dem Tag entgegengehen, an dem dein Sohn Jesus Christus wiederkommt. Amen.

8. Sonntag nach Trinitatis

Wochenspruch
Lebt als Kinder des Lichts;
die Frucht des Lichts ist lauter Güte
und Gerechtigkeit und Wahrheit.
Epheser 5,8-9

Kollektengebet
Herr, unser Vater im Himmel,
wir bitten dich:

Vertreibe die Schatten des Bösen
und führe uns ans Licht.
Vertreibe Zweifel und Furcht
aus unserem Herzen.
Stärke unser Vertrauen.

Erhöre uns
durch Jesus Christus,
der mit dir und dem Heiligen Geist
das Licht der Welt ist.

Allmächtiger Gott,
du bist Anfang und Ende der Zeit,
von Ewigkeit zu Ewigkeit. Amen.

Lesungen
Psalm 48
Jesaja 2,1-5
Epheser 5,8b-14
Matthäus 5,13-16

Kirchengebet

Großer Gott, deine Wege sind unerforschlich und deine Wunder unermeßlich. Dein Sohn Jesus Christus ist der Retter der Welt, die dich verloren hat. Dein Geist ist es, der unsere Herzen verwandelt.

Herr, wir danken dir, daß du Licht in unser Leben bringst. Dein Licht verwandelt unsere Dunkelheit und verändert unser Reden und Tun. Mit dir gerät unser Leben in Bewegung. Wir verharren nicht bei dem Erreichten, sondern sind mit dir auf dem Weg zu einem großen Ziel. Du läßt nicht zu, daß wir resignieren und alles beim alten bleibt. Immer wieder ermutigst du uns durch dein Wort, nicht auf dem Weg stehenzubleiben, sondern weiterzugehen. Durch dich ist alles im Werden. Noch lange nicht sind wir am Ende, denn jeder Tag ist ein neuer Anfang.

Herr, wir bitten dich für deine Kirche, die sich oft ängstlich zurückzieht, wenn es in dieser Welt darum geht, Salz und Licht zu sein. Wenn es um dein Reich und um das Heil des Menschen geht, ist keine Zurückhaltung erlaubt. Gib den Verantwortlichen in der Kirche und in der Gemeinde den Mut, sich für deine Sache in dieser Welt einzusetzen.

Herr, wir bitten dich, gib jedem von uns den Mut, gegen den Strom der Meinungen zu schwimmen. Du willst nicht, daß wir uns anpassen, sondern Salz und Licht sind. Du willst, daß wir Licht in alle zwielichtigen und bösen Situationen bringen. Für das Gute eintreten und gegen das Zerstörerische kämpfen. Wo Pläne des Krieges wachsen, willst du Gedanken des Friedens wachrufen. Wo Menschen einander das Leben schwermachen, wo Lüge herrscht, sollen wir die Wahrheit sagen. Wo Ungerechtigkeit Menschen unterdrückt, sollen wir tapfer für die Gerechtigkeit streiten.

Herr, wir bitten dich um deinen Geist, damit wir Kraft und Mut bekommen, Salz der Erde und Licht der Welt zu sein.

Herr, du bist der Grund unseres Lebens. Du bist das Licht unserer Seele. Laß es in uns und in dieser Welt durch Jesus Christus wieder hell werden. Amen.

9. Sonntag nach Trinitatis

Wochenspruch
Wem viel gegeben ist, bei dem wird man viel suchen;
und wem viel anvertraut ist, von dem wird man um so mehr fordern.
Lukas 12,48

Kollektengebet
Herr, allmächtiger Gott,
wir bitten dich:

Nimm von uns alle Unruhe
und Sorge um uns selbst.
Laß uns nicht vergessen,
das alles, was wir brauchen,
nicht erzwungen werden kann.
Du willst es uns schenken.

Erhöre uns
durch Jesus Christus,
der mit dir und dem Heiligen Geist
unser Leben behütet und erhält.

Allmächtiger Gott,
du bist Anfang und Ende der Zeit,
von Ewigkeit zu Ewigkeit. Amen.

Lesungen
Psalm 40
Jeremia 1,4-10
Philipper 3,7-11(12-14)
Matthäus 25,14-30

Kirchengebet

Allmächtiger, ewiger Gott, du bist im Himmel, und wir sind auf Erden. Du bist bei uns durch Jesus Christus, deinen Sohn, und durch die Kraft deines Geistes.

Herr, wir danken dir für die Fülle der Gaben, die du uns anvertraut hast. Einem jeden von uns hast du Fähigkeiten gegeben, mit denen er sein Leben und das Leben der Gemeinschaft gestalten kann. In jedem von uns hast du Möglichkeiten zur Entfaltung angelegt. Bei dem einen mehr, bei dem anderen weniger. Aber alles, was wir haben, ist nicht eigene Leistung, sondern immer nur Geschenk und Gnade. Wem du viel anvertraut hast, der soll nicht stolz werden. Wer weniger hat, der muß sich nicht geringer vorkommen. In deinen Augen sind wir alle gleich. Und wer mehr hat, von dem wird auch von dir mehr erwartet.

Herr, wir bitten dich, laß uns erkennen, wo unsere Gaben sind. Laß uns nicht falschen Erwartungen erliegen, sondern laß jeden von uns erkennen, was du von ihm erwartest. Jeder von uns diene dem anderen mit der Gabe, die er von dir empfangen hat.

Herr, wir bitten dich um Menschen, die fähig sind, die Gaben anderer zu entdecken und zu fördern. Oft können sich Gaben nicht entfalten, weil andere sie unterdrücken. Du willst aber, daß jeder Mensch sein Leben so gestalten kann, daß er darin einen Sinn findet.

Herr, wir bitten dich, behüte uns vor der Gefahr, daß wir unsere Gaben vergraben. Du hast sie uns gegeben, damit wir sie gebrauchen und nicht aus Eigensucht verstecken. Die größten Gaben für unser Leben aber sind dein Wort und das Mahl mit Brot und Wein. Dein Heiliger Geist schenke uns diese Gaben an jedem Tag neu.

Großer und gütiger Gott, du bist unsere Hoffnung und Zuversicht. Wir halten uns an deinen Sohn Jesus Christus, der die Auferstehung und das Leben ist. Amen.

10. Sonntag nach Trinitatis

Wochenspruch
Wohl dem Volk, dessen Gott der Herr ist,
dem Volk, das er zum Erbe erwählt hat!
Psalm 33,12

Kollektengebet
Herr, allmächtiger Gott,
wir bitten dich:

Öffne unsere Ohren,
damit wir hören können,
was du uns sagen willst.
Leite uns durch dein Wort
und lehre uns deinen Willen.

Erhöre uns
durch Jesus Christus,
der mit dir und dem Heiligen Geist
die Geschichte der Völker lenkt.

Allmächtiger Gott,
du bist Anfang und Ende der Zeit,
von Ewigkeit zu Ewigkeit. Amen.

Lesungen
Psalm 74
2. Könige 25,8-12
Römer 11,25-32
Lukas 19,41-48

Kirchengebet

Allmächtiger, ewiger Gott, du bist in deinem Sohn Jesus Christus zu uns gekommen. Du lehrst und tröstest uns durch die Kraft des Heiligen Geistes.

Herr, wir danken dir, daß du der Herr der Geschichte und der Völker bist. Viele mächtige Reiche und Herrscher sind entstanden und meinten, sich die ganze Erde untertan machen zu können. Aber vor dir sind wir wie Staub, wie ein Tropfen am Eimer und wie ein Nebel, der bald vergeht. Du bestimmst Anfang und Ende der Geschichte. Der Turmbau zu Babel ist ein Bild der Vermessenheit des Menschen. Die Verwirrung der Völker ist die Folge ihrer Abkehr von dir. Herr, wir dürfen gewiß sein, daß am Ende aller irdischen Geschichte dein Reich steht.

Herr, wir bitten dich um Nachsicht und Vergebung für allen Hochmut und Stolz, mit dem viele Mächtige unserer Zeit regieren. Auch ihre Macht ist begrenzt, ihre Zeit bemessen. Laß die Regierenden erkennen, daß sie sich für alles vor dir einst verantworten müssen.

Herr, wir bitten dich für unser deutsches Volk, das im Laufe seiner Geschichte viel Schuld auf sich geladen hat. Wenn es dir untreu wurde, hat es Leid und Elend über andere Menschen gebracht. Wir bitten dich um Vernunft und Einsicht, um das rechte Maß unseres Redens und Handelns. Laß uns nie vergessen, daß du der Herr unserer Geschichte bist.

Herr, an vielen Orten auf dieser Erde herrschen Ungerechtigkeit, Not und Krieg. Menschen sind auf der Flucht, weil sie ihre Heimat verlassen müssen. Kinder verhungern, weil die Reichen nicht teilen. Menschen werden gefoltert, weil Gewalt regiert. Andere werden um ihres Glaubens willen verfolgt. Herr, vergib uns unsere Schuld und mache uns zu Werkzeugen deines Friedens in dieser Welt.

Erhöre unser Gebet, barmherziger Gott und Vater, durch unseren Herrn Jesus Christus. Amen.

11. Sonntag nach Trinitatis

Wochenspruch
Gott widersteht den Hochmütigen,
aber dem Demütigen gibt er Gnade.
1. Petrus 5,5

Kollektengebet
Herr,
heiliger Gott,
lieber Vater im Himmel,
wir bitten dich:

Vergib uns unsere Verfehlungen,
durch die wir dich erzürnen
und unserem Nächsten Unrecht tun.
Laß Gnade vor Recht ergehen.

Erhöre uns
durch Jesus Christus,
der mit dir und dem Heiligen Geist
uns zu guten Werken führen will.

Allmächtiger Gott,
du bist Anfang und Ende der Zeit,
von Ewigkeit zu Ewigkeit. Amen.

Lesungen
Psalm 113
2. Samuel 12,1-10.13-15a
Epheser 2,4-10
Lukas 18,9-14

Kirchengebet

Liturg: Allmächtiger, barmherziger Gott, lieber Vater im Himmel. Jesus Christus, unser Herr, der unser Leben aus dem Tod reißt. Heiliger Geist, der uns das Herz mit Feuer läutert.

Herr, wir danken dir für deine Güte und Barmherzigkeit, mit der du uns begegnest. Durch die Auferstehung deines Sohnes Jesus Christus hast du nicht nur die Macht des Todes gebrochen, sondern auch uns die Vergebung unserer Sünden zugesagt. Nicht unsere Werke und Leistungen bewirken deine Zuneigung, sondern unsere Erkenntnis und Reue über unsere Verfehlungen. Wir danken dir für das große Geschenk der Gnade, mit der du uns aus dem Tode holst. Wir bitten dich:
Alle: Herr, erbarme dich unser!

Liturg: Herr, wir bitten dich für alle, die aus den Verwirrungen ihres Lebens nicht herauskommen. Für die vielen, die in Selbstüberschätzung und in bösem Hochmut gefangen sind. Sie bringen nicht nur Unruhe in ihr eigenes Leben, sonden auch Unglück über andere. Uns alle aber lehre die Demut des Herzens. Wir bitten dich:
Alle: Herr, erbarme dich unser!

Liturg: Herr, wir werden alle täglich an dir und an unserem Nächsten schuldig. Wir versäumen das Gute und vergessen die Liebe. Wir reißen Brücken ein, statt sie aufzubauen. Wir säen Mißtrauen, wo Vertrauen Menschen miteinander versöhnen könnte. Wir gehen unachtsam an den Nöten der anderen vorbei, weil wir nur auf uns selbst sehen. Wir bitten dich:
Alle: Herr, erbarme dich unser!

Liturg: Herr, bringe die Selbstgerechten zur Einsicht ihrer eigenen Schwäche; die Stolzen führe zum Weg der Bescheidenheit und die Hochmütigen lehre Demut. Keiner von uns ist ohne Schuld, aber wir hoffen auf deine Güte und Geduld. Wir warten auf deine Zuneigung. Erlöse uns von dem Bösen und gib uns einen neuen, demütigen und liebenden Geist. Wir bitten dich:
Alle: Herr, erbarme dich unser!

Liturg: Herr, erhöre unsere Bitte und lehre uns erkennen, was dein Wille ist, durch Jesus Christus. Amen.

12. Sonntag nach Trinitatis

Wochenspruch
Das geknickte Rohr wird er nicht zerbrechen,
und den glimmenden Docht wird er nicht auslöschen.
Jesaja 42,3

Kollektengebet
Herr, allmächtiger, einziger Gott,
wir bitten dich:

Bewahre uns
vor Krankheit des Leibes und der Seele.
Gib uns neue Lebenskraft,
damit wir in dieser Welt
dich als den Gott unseres Heils
bekennen können.

Erhöre uns
durch Jesus Christus,
der mit dir und dem Heiligen Geist
das Sterbende zu neuem Leben ruft.

Allmächtiger Gott,
du bist Anfang und Ende der Zeit,
von Ewigkeit zu Ewigkeit. Amen.

Lesungen
Psalm 147
Jesaja 29,17-24
Apostelgeschichte 9,1-9(10-20)
Markus 7,31-37

Kirchengebet

Allmächtiger Gott! Du hast Himmel und Erde aus dem Nichts gerufen. Du hast deinen Sohn Jesus Christus Mensch werden lassen. Du hast unsere Herzen durch deinen Heiligen Geist bezwungen.

Herr, wir danken dir, daß du uns nicht zerbrichst, sondern aufrichten willst. Wenn unsere Lebenshoffnung schwächer zu werden droht, gibst du uns Kraft. Wenn unsere Ohren verschlossen sind, öffnest du sie mit Worten des Lebens. Unsere Augen, die dich nicht erkennen, befreist du von der Finsternis. Wenn wir Unrecht tun und Unheil anrichten, werden wir durch dich an unserem Tun gehindert. Du bist ein mächtiger Gott, der das Kranke heilt, das Böse überwindet und unser verstocktes Herz in Liebe und Güte verwandelt.

Herr, wir bitten dich für die Verantwortlichen in unserem Staat. Gib ihnen Erkenntnis und Weisheit, daß sie das Notwendige erkennen und Unheil von unserem Volk abwenden.

Herr, wir bitten dich für alle, deren Ohren und Mund verschlossen sind, durch Krankheit oder durch Einsamkeit. Laß uns die Worte finden, die ihre Ohren öffnen, und laß uns mit ihnen so sprechen, daß sie wieder selber Worte finden. Worte können Brücken sein, über die wir zueinander finden.

Herr, wir bitten dich für alle, die in ihrem Beruf für das rechte Wort verantwortlich sind. Für die Pfarrer und Lehrer, für die Ärzte und Therapeuten, für die Sozialarbeiter und Journalisten, für Autoren und Moderatoren. Es nützen ihnen die schönsten Worte und die glänzendste Rede nichts, wenn sie nicht mit Liebe das Herz des Menschen erreichen.

Herr, laß uns nicht vergessen, daß wir nicht nur Hörer deines Wortes sind, sondern auch Täter sein sollen.

Herr, wir legen alles in deine Hände im Vertrauen darauf, daß du unser Leben führst, durch Jesus Christus. Amen.

13. Sonntag nach Trinitatis

Wochenspruch
Christus spricht: Was ihr getan habt einem von diesen meinen geringsten Brüdern, das habt ihr mir getan.
Matthäus 25,40

Kollektengebet
Herr,
allmächtiger und barmherziger Gott,
wir bitten dich:

Laß uns nicht müde werden
in unserem Glauben
und in der Liebe.
Erwecke in unserem kalten Herzen
Güte und Gerechtigkeit.
Dein Wille geschehe mit uns.

Erhöre uns
durch Jesus Christus,
der mit dir und dem Heiligen Geist
diese Welt durch deine Liebe erlöst.

Allmächtiger Gott,
du bist Anfang und Ende der Zeit,
von Ewigkeit zu Ewigkeit. Amen.

Lesungen
Psalm 112
1. Mose 4,1-16a
1. Johannes 4,7-12
Lukas 10,25-37

Kirchengebet

Liturg: Ewiger Gott, gütiger Vater im Himmel, du bist uns nahe im Wort deines Sohnes Jesus Christus. Du lenkst unsere Gedanken durch die Kraft deines Heiligen Geistes.

Lektor: Herr, wir danken dir, daß du uns durch deinen Sohn Jesus Christus das Leben neu sehen lehrst. In ihm ist deine Liebe zu uns sichtbar geworden. Durch ihn sind wir mit dir versöhnt. Wo wir die Brücke zu dir abgebrochen haben, hat er sie wieder errichtet. Herr, du bist die Liebe und willst, daß wir einander lieben. Du willst in uns die Liebe entzünden, die den Nächsten achtet und ihn in seiner Not zur Seite steht.

Liturg: Herr, wir bitten dich, mache uns zu barmherzigen Samaritern unserer Zeit. Schärfe unseren Verstand, damit wir die Ursachen menschlichen Elends richtig erkennen. Öffne unsere Augen und Ohren für die Sorgen des anderen. Gib uns ein Herz, das ihnen gegenüber nicht hart bleibt.

Lektor: Herr, wir bitten dich für alle, die unter die Räuber unserer Zeit gefallen sind. Für die Verachteten und Verlachten, für die Süchtigen und Abhängigen, für die Schwachen und Ohnmächtigen, für die, deren Gutmütigkeit und Einfalt schamlos mißbraucht werden.

Liturg: Herr, wir bitten dich für alle, die auf Zeichen der Liebe und Hoffnung warten. Für die Kranken und Verlassenen, für die Witwen und Waisen, für die Hoffnungslosen und Geschlagenen, für die Erfolglosen und Vergessenen.

Lektor: Herr, mache uns zu Samaritern der Liebe und Güte, der Fürsorge und Pflege. Dein Geist wecke in uns die Bereitschaft, unsere Lebenskraft denen zur Verfügung zu stellen, die uns brauchen.

Liturg: Herr des Lebens, im Vertrauen auf dich, auf deine Barmherzigkeit und Güte, gehen wir getrost unseren Weg, durch Jesus Christus. Amen.

14. Sonntag nach Trinitatis

Wochenspruch
Lobe den Herrn, meine Seele,
und vergiß nicht, was er dir Gutes getan hat.
Psalm 103,2

Kollektengebet
Herr, großer Gott,
Vater im Himmel
wir bitten dich:

Lehre uns erkennen,
daß du unser Vater im Himmel bist.
Laß uns dankbar sein
für die Wunder deiner Schöpfung.
Bewahre uns vor Undankbarkeit.

Erhöre uns
durch Jesus Christus,
der mit dir und dem Heiligen Geist
uns durch alle Wirren der Zeit führt.

Allmächtiger Gott,
du bist Anfang und Ende der Zeit,
von Ewigkeit zu Ewigkeit. Amen.

Lesungen
Psalm 146
1. Mose 28,10-19a
Römer 8,12-17
Lukas 17,11-19

Kirchengebet

Gelobt seist du, Gott des Himmels und der Erde. Du hast deinen Sohn Jesus Christus vom Tode erweckt und uns das Licht des Lebens geschenkt. Du läßt das Feuer des Geistes vom Himmel in unsere Herzen fallen.

Herr, wir danken dir für die Wunder in deiner Schöpfung. Für die Sonne des Tages und für den Mond der Nacht. Für die Pflanzen, Blumen und Bäume. Für die Vielzahl der Tiere, für Frühling, Sommer, Herbst und Winter. Du hast alles wunderbar gemacht, damit wir, deine Geschöpfe, darin leben und sie bewahren. Unser Leben ist reich an Gaben, wenn wir sie richtig nutzen. Unser Leben ist voller Geheimnisse, wenn wir sie zu erkennen vermögen. Unser Leben ist erfüllt, wenn wir dich als unseren Herrn anerkennen. Wir erfahren ein Stück des Himmels, wenn wir auf Erden dir vertrauen.

Herr, wir bitten dich für alle, die sich nicht an deiner Schöpfung freuen können. Für die Enttäuschten und Schwermütigen, für die Verhungernden und Sterbenden. Oft ist es unsere Schuld, daß sie das Leben nicht mehr lieben. Mache uns zu Boten deines Geistes, der ihnen Hoffnung und Freude schenken kann.

Herr, wir bitten dich um Vergebung, daß wir mit deiner Güte oft so gedankenlos umgehen. Du schenkst uns das Wunder des Lebens, wir aber gehen leichtfertig damit um. Du erhältst uns, wir danken dir nicht. Über das Schwere unserer Zeit klagen wir, aber über die vielen guten Dinge verlieren wir oft kein Wort.

Herr, wir bitten dich um deinen guten Geist, der unsere kalten Herzen verwandelt und uns wieder dankbar werden läßt für alles, was du an uns tust. Mache uns zu deinen Kindern.

Herr, du bist das Licht der Welt und die Auferstehung unseres Lebens. Wir vertrauen dir alles an und verlassen uns auf Jesus Christus. Amen.

15. Sonntag nach Trinitatis

Wochenspruch
Alle Sorge werft auf ihn; denn er sorgt für euch.
1. Petrus 5,7

Kollektengebet
Herr, heiliger Gott,
wir bitten dich:

Bewahre deine Kirche
vor den Anfechtungen der Zeit.
Laß sie frei von Sorge
um ihre irdische Zukunft sein.
Stärke sie durch dein Wort und Sakrament.

Erhöre uns
durch Jesus Christus,
der mit dir und dem Heiligen Geist
die Gemeinde zu deiner Ehre sammelt.

Allmächtiger Gott,
du bist Anfang und Ende der Zeit,
von Ewigkeit zu Ewigkeit. Amen.

Lesungen
Psalm 127
1. Mose 2,4b-15
1. Petrus 5,5c-11
Matthäus 6,25-34

Kirchengebet

Allmächtiger Gott, Vater unseres Herrn Jesus Christus, du hast alles Sichtbare und Unsichtbare geschaffen. Du erhältst alles nach deinem Willen durch die Macht des Heiligen Geistes.

Herr, wir danken dir, daß wir alles, was uns bewegt, vor dich bringen können. Es sind unsere Gedanken und Sorgen, die so oft eine niederdrückende Rolle in unserem Leben spielen. Aber wir müssen nicht immer auf unsere Probleme starren und mit ihnen alleine fertig werden. Du bist bei uns mit dem Geist, der tröstet und aufrichtet, der Mut macht und großes Vertrauen weckt. Wie wunderbar du deine Schöpfung erhältst, so wirst du auch für uns sorgen. Wir können uns in dir geborgen fühlen.

Herr, wir bitten dich für alle, denen die Sorge die Luft zum Atmen und die Hoffnung zum Leben nimmt. Wie ein schwerer Stein liegt die Sorge auf ihren Herzen. In ihren Nächten weinen sie, und am Tage ergreift sie die Angst vor der Zukunft. Viele haben Sorgen mit ihrer Gesundheit. Andere schlagen sich mit hohen Schulden und seelischen Belastungen herum. Eltern werden mit den Problemen und Fragen ihrer Kinder nicht fertig. Arbeitslose verlieren ihre Selbstachtung. Nicht wenige fühlen sich den Anforderungen des Alltags nicht mehr gewachsen.

Herr, wir bitten dich, gib uns Hoffnung auf Zukunft. Die Sorge um den Fortbestand der Erde wird immer größer. Lähmung breitet sich dort aus, wo Menschen keinen Sinn mehr im Lauf der Geschichte sehen.

Herr, wir bitten dich, laß uns nicht aus Ohnmacht sorglos werden. Wir wollen alles tun, was in unserer Kraft steht, aber dann auch alles dir anvertrauen.

Herr über Leben und Tod, dein Wort und deine Güte führen uns am Tag und sind Zeichen in der Nacht. Wir vertrauen dir von ganzem Herzen, durch Jesus Christus. Amen.

16. Sonntag nach Trinitatis

Wochenspruch
Christus Jesus hat dem Tod die Macht genommen und das Leben und ein unvergängliches Wesen ans Licht gebracht durch das Evangelium.
2. Timotheus 1,10

Kollektengebet
Herr, großer Gott,
barmherziger Vater,
wir bitten dich:

Gib uns das Licht des Lebens,
das die Dunkelheit des Todes überwindet.
Nimm von uns allen Unglauben und Zweifel.
Laß uns dir vertrauen.

Erhöre uns
durch Jesus Christus,
der mit dir und dem Heiligen Geist
uns das Leben schenkt.

Allmächtiger Gott,
du bist Anfang und Ende der Zeit,
von Ewigkeit zu Ewigkeit. Amen.

Lesungen
Psalm 68
Klagelieder 3,22-26.31-32
2. Timotheus 1,7-10
Johannes 11,1-3,17-27.41-45

Kirchengebet

Gott, wir loben und preisen dich für deine Liebe, mit der du uns in Jesus Christus begegnest. Du berührst unser Herz und erneuerst unseren Sinn durch die Kraft deines Heiligen Geistes.

Herr, wir danken dir, daß wir mitten im Tod von dem Leben umfangen sind, das du für uns bereithälst. Jeder neue Tag erinnert uns daran, daß unser Leben einmal ein Ziel hat und wir alles zurücklassen müssen, was uns lieb ist. Wir erfahren immer wieder, daß alles vergänglich ist. Nichts ist von ewiger Dauer. Darum sind wir froh, daß du Anfang und Ende unserer irdischen Zeit bestimmst. In deinen Händen liegt unsere Zeit. Durch dich ist das unvergängliche Wesen eines neuen Lebens sichtbar geworden.

Herr, wir bitten dich für alle, die in Angst und Entsetzen vor der Macht des Todes erzittern. Wenn sie die Schatten des Todes sehen, lähmt sie die Furcht. Herr, der Tod hat viele schreckliche Gesichter. Keiner von uns ist so stark, daß er sich ihm widersetzen könnte. Aber mit deiner Hilfe überwinden wir auch die Schrecken der Todesnächte auf dieser Erde.

Herr, wir bitten dich angesichts der Todesmacht, die diese Welt und unser Leben zeichnet, um den Geist der Kraft, die in den Schwachen mächtig ist; um den Geist der Liebe, die selbst der Tod nicht überwinden kann; um den Geist der Besonnenheit, der sich nur dir anvertraut.

Herr, wir bitten dich um das Licht des Lebens inmitten dieser dunklen Todeswelt.

Herr, wir vertrauen dir, daß du mit uns gehst auf unseren Wegen und wir dem Tag entgegengehen, an dem dein Sohn Jesus Christus wiederkommt. Amen.

17. Sonntag nach Trinitatis

Wochenspruch
Unser Glaube ist der Sieg, der die Welt überwunden hat.
1. Johannes 5,4

Kollektengebet
Herr,
allmächtiger und ewiger Gott,
Wir bitten dich:

Gib uns einen Glauben,
der die Welt überwindet
und sich ganz auf dich verläßt.
Laß uns Jesus Christus
als den wahren Erlöser erkennen.

Erhöre uns
durch Jesus Christus,
der mit dir und dem Heiligen Geist
dein Reich in dieser Welt aufbaut.

Allmächtiger Gott,
du bist Anfang und Ende der Zeit,
von Ewigkeit zu Ewigkeit. Amen.

Lesungen
Psalm 25
Jesaja 49,1-6
Römer 10,9-18
Matthäus 15,21-28

Kirchengebet

Großer Gott, deine Wege sind unerforschlich und deine Wunder unermeßlich. Dein Sohn Jesus Christus ist der Retter der Welt, die dich verloren hat. Dein Geist ist es, der unsere Herzen verwandelt.

Herr, wir danken dir, daß deine Botschaft allen Menschen in dieser Welt gilt. Niemand ist ausgeschlossen, in dein Reich zu kommen. Jeder, der dich als den Herrn anerkennt, der vom Tode auferstanden ist, ist ein geretteter Mensch. Wir erfahren, daß dieser Glaube stärker als alle Mächte dieser Welt ist. Vieles in dieser Welt spricht dagegen, aber der Glaube sieht, was den Augen verborgen bleibt.

Herr, wir bitten dich, behüte deine Kirche vor Blindheit und vor Streitsucht. Wir leiden unter der Trennung der Konfessionen. Doch uns alle verbindet das Wort der Bibel und der Glaube an dich. Überwinde die Gräben und Zäune, die Menschen ihres unterschiedlichen Glaubens wegen aufgerichtet haben. Bring alle zusammen an deinen Tisch, aus Norden und Süden, aus Osten und Westen.

Herr, wir bitten dich um den Glauben, der dich vor aller Welt bekennt. Gib uns den Glauben, der sich nicht vor den Mächtigen dieser Welt fürchtet, sondern in deinem Namen die Wahrheit bezeugt und für das Gute streitet. Herr, wir glauben; hilf unserem Unglauben. Kommen die Zweifel über uns, wagen wir nicht den Schritt über die Grenze und bleibt unser Herz vor Furcht verschlossen, dann hilf uns mit deinem Heiligen Geist zur Gewißheit, daß wir die Welt überwinden können und zu deinem Reich kommen können.

Herr, du bist der Grund unseres Lebens. Du bist das Licht unserer Seele. Laß es in uns und in dieser Welt durch Jesus Christus hell werden. Amen.

18. Sonntag nach Trinitatis

Wochenspruch
Dies Gebot haben wir von ihm, daß, wer Gott liebt,
daß der auch seinen Bruder liebe.
1. Johannes 4,21

Kollektengebet
Herr,
barmherziger Vater im Himmel,
wir bitten dich:

Wende dich zu uns,
damit wir deine Nähe erfahren.
Befreie uns zu einem Leben,
das dich lobt mit Worten und Taten.

Erhöre uns
durch Jesus Christus,
der mit dir und dem Heiligen Geist
unser Leben zur Gerechtigkeit und Güte führt.

Allmächtiger Gott,
du bist Anfang und Ende der Zeit,
von Ewigkeit zu Ewigkeit. Amen.

Lesungen
Psalm 1
2. Mose 20,1-17
Römer 14,(14-16)17-19
Markus 12,28-34

Kirchengebet

Allmächtiger, ewiger Gott, du bist im Himmel, und wir sind auf Erden. Du bist bei uns durch Jesus Christus, deinen Sohn, und durch die Kraft deines Geistes.

Herr, wir danken dir, daß du uns die Gebote als Richtlinien zur Orientierung gegeben hast. Wir benötigen Anhaltspunkte, die uns unsere Möglichkeiten und Grenzen aufzeigen. Mit den Geboten willst du unser Leben nicht einengen, sondern uns das notwendige Maß zeigen, damit wir leben können. Wer sich an die Gebote hält, dem gibst du große Freiheit. Das höchste aller Gebote aber ist, dich von ganzem Herzen und von ganzer Seele und von ganzem Gemüte und mit allen Kräften zu lieben. Diese Liebe schafft Raum zum Leben. Wer dich über alle Dinge liebt, der findet auch den Weg zum Leben.

Herr, wir bitten dich, bewahre uns vor den Götzen unserer Zeit. Es gibt so viele Dinge, die wir anbeten und für unerläßlich halten. Sie nehmen uns die kostbare Zeit des Lebens und machen uns unfrei. Nicht äußerlicher Reichtum bedeutet Glück, sondern der Reichtum des Herzens bringt Erfüllung. Nicht die Sicherung unseres Lebens mit vielen Gütern, sondern das Vertrauen auf dich allein schenkt Freiheit.

Herr, wir bitten dich, bewahre uns vor Mißbrauch deines Namens. Laß uns den Sonntag als Tag der Ruhe und Besinnung feiern. Wecke in uns Liebe und Achtung zu unseren Eltern. Verhindere, daß wir unseren Nächsten mit Worten oder Taten töten. Stärke in uns die Treue zu dem Menschen, dem wir unsere Liebe geschenkt und versprochen haben. Laß uns nicht zu Dieben werden, die anderen das Eigentum und die Zeit stehlen. Verschließe unseren Mund, wenn er Böses über andere reden will. Bewahre uns vor der Versuchung, an uns zu reißen, was anderen gehört.

Herr, gib uns die Freiheit, dich und unseren Nächsten zu lieben.

Großer und gütiger Gott, du bist unsere Hoffnung und Zuversicht. Wir halten uns an deinen Sohn Jesus Christus, der die Auferstehung und das Leben ist. Amen.

19. Sonntag nach Trinitatis

Wochenspruch
Heile du mich, Herr, so werde ich heil;
hilf du mir, so ist mir geholfen.
Jeremia 17,14

Kollektengebet
Herr, heiliger Gott,
barmherziger Vater,
wir bitten dich:

Bringe unser unruhiges Leben
wieder in Ordnung. Hilf uns,
deinen Willen zu erfüllen,
damit wir an Leib und Seele
geheilt werden.

Erhöre uns
durch Jesus Christus,
der mit dir und dem Heiligen Geist
die Schwachen stärkt
und die Verzweifelten rettet.

Allmächtiger Gott,
du bist Anfang und Ende der Zeit,
von Ewigkeit zu Ewigkeit. Amen.

Lesungen
Psalm 32
2. Mose 34,4-10
Epheser 4,22-32
Markus 2,1-12

Kirchengebet

Allmächtiger, ewiger Gott, du bist in deinem Sohn Jesus Christus zu uns gekommen. Du lehrst und tröstest uns durch die Kraft deines Heiligen Geistes.

Herr, wir danken dir, daß wir mit den Nöten unseres Leibes und unserer Seele immer wieder zu dir kommen können. Du willst nicht unser Verderben, sondern unsere Heilung. Du willst nicht, daß durch unser Unvermögen diese Welt in Unordnung und Chaos gerät, sondern daß das Zerstörte wiederaufgerichtet, das Zerschlagene wieder geheilt und das Verdorbene wieder gut wird. Du führst deine Schöpfung zu einem guten Ziel. Keiner von uns soll den Sinn seines Lebens verlieren, wenn er dir vertraut.

Herr, wir bitten dich für alle, die an Leib und Seele krank sind. Es sind nicht nur vordergründige Anlässe, die die Gesundheit gefährden, sondern auch Verletzungen der Seele. Tief verborgen ist das Geheimnis des Lebens. Wir können nicht alles ergründen. Aber die größte Sehnsucht des Menschen ist die Sehnsucht nach dir. Viele wissen es nicht. Viele wollen es nicht wahrhaben. Aber unsere Seele bleibt leer, wenn sie dich nicht gefunden hat.

Herr, wir bitten dich für alle, die an Leib und Seele leiden. Sie scheinen alles zu haben, aber sie sind dennoch nicht glücklich. Sie fliehen in die Sucht und damit in eine oft tödliche Abhängigkeit. Sie verdrängen, was sie nicht mehr ertragen können. Wir bitten dich für Ärzte und Pfleger, Krankenschwestern und Seelsorger, gib ihnen die Kraft deines Geistes und deiner Liebe, damit sie in Geduld und Zuneigung den Kranken helfen können.

Herr, wir bitten dich um die Phantasie der Liebe. Sie läßt sich immer wieder etwas Neues einfallen, um anderen Menschen beizustehen und ihnen den Weg zu dir zu zeigen.

Erhöre unser Gebet, barmherziger Gott und Vater, durch unseren Herrn Jesus Christus. Amen.

20. Sonntag nach Trinitatis

Wochenspruch
Es ist dir gesagt, Mensch, was gut ist
und was der Herr von dir fordert,
nämlich Gottes Wort halten und Liebe üben
und demütig sein vor deinem Gott.
Micha 6,8

Kollektengebet
Herr,
allmächtiger und ewiger Gott,
wir bitten dich:

Bewahre uns
vor den Versuchungen des Bösen.
Laß uns das Gute tun.
Erhalte uns dein Wort
und die Bescheidenheit des Herzens.

Erhöre uns
durch Jesus Christus,
der mit dir und dem Heiligen Geist
die Mitte unseres Lebens ist.

Allmächtiger Gott,
du bist Anfang und Ende der Zeit,
von Ewigkeit zu Ewigkeit. Amen.

Lesungen
Psalm 119,101-108
1. Mose 8,18-22
1. Thessalonicher 4,1-8
Markus 10,2-9(10-16)

Kirchengebet
Allmächtiger, barmherziger Gott, lieber Vater im Himmel. Jesus Christus, unser Herr, der unser Leben aus dem Tod reißt. Heiliger Geist, der unser Herz mit Feuer läutert.

Herr, wir danken dir, daß du immer wieder von neuem Leben schenkst, wo Menschen oft nur Tod und Verderben bringen. Du hast zugesagt, daß nicht Saat und Ernte, Frost und Hitze, Sommer und Winter, Tag und Nacht aufhören werden, solange die Erde steht. Es ist dein Wille, Anfang und Ende zu bestimmen. Der Regenbogen am Himmel ist ein Zeichen deiner Liebe zu uns. Wir danken dir, daß wir in dieser Gewißheit leben und sterben dürfen. Du ziehst deine Hand nicht von uns zurück.

Herr, wir bitten dich, bewahre uns vor Gedanken der Resignation und vor der Angst des Untergangs. Gib Hoffnung, wo Verzweiflung herrscht. Wecke Vertrauen, wo man keine Zukunft mehr erwartet. Trotz aller Bosheit des Menschen wirst du es nicht zulassen, daß deine Schöpfung zerstört wird.

Herr, wir bitten dich, befreie uns von unserem eigenen und trotzigen Willen. Lehre uns beten: »Dein Wille geschehe.« Dein Wort läßt uns deinen Willen erkennen. Es zeigt uns die Möglichkeiten und Grenzen unseres Lebens auf.

Herr, wir bitten dich um die Liebe, die unser Herz zu dir wendet und sich um das Wohl des Nächsten kümmert. Diese Liebe trägt alles und hält zusammen, was auseinandergehen will. Sie schenkt den Frieden des Herzens.

Herr, wir bitten dich um die Demut, damit aller Stolz in uns zerbrochen und das Böse vertrieben wird. Gib uns deinen Heiligen Geist, der alles zum besten wandelt.

Herr, erhöre unsere Bitten, lehre uns erkennen, was dein Wille ist, durch Jesus Christus. Amen.

21. Sonntag nach Trinitatis

Wochenspruch
Laß dich nicht vom Bösen überwinden,
sondern überwinde das Böse mit Gutem.
Römer 12,21

Kollektengebet
Herr, barmherziger und gnädiger Gott,
wir bitten dich:

Behüte uns davor,
daß wir Böses mit Bösem vergelten.
Wandle und lenke unser Herz,
damit es den Kampf
mit den Mächten der Finsternis
bestehen kann.

Erhöre uns
durch Jesus Christus,
der mit dir und dem Heiligen Geist
uns zu Kindern des Himmels macht.

Allmächtiger Gott,
du bist Anfang und Ende der Zeit,
von Ewigkeit zu Ewigkeit. Amen.

Lesungen
Psalm 19
Jeremia 29,1.4-7.10-14
Epheser 6,10-17
Matthäus 5,38-48

Kirchengebet

Liturg: Allmächtiger Gott! Du hast Himmel und Erde aus dem Nichts gerufen. Du hast deinen Sohn Jesus Christus Mensch werden lassen. Du hast unsere Herzen durch deinen Heiligen Geist bezwungen.

Herr, wir danken dir, daß du uns nicht allein läßt im Kampf gegen das Böse. Wir wissen um die dunklen Mächte, die uns umgeben. Wir fürchten die Stunden, wo in unserem Herzen das Böse aufsteigt. Wir zittern vor den Gewalten, die uns zertreten und zerstören wollen. Wir ängstigen uns vor den Mächtigen, die uns Gewalt antun, die das Leben geliebter Menschen bedrohen und vernichten. Inmitten aller dieser Bedrohungen unseres Lebens hältst du uns fest. Wir sind nicht verloren, weil du stärker bist als alle Mächte dieser Welt.

Herr, wir bitten dich um die Kraft des Herzens, das sich allem Bösen entgegenstellt, das Haß und Feindschaft mit Liebe überwindet. Wir bitten dich:
Alle: Herr, erbarme dich unser!

Liturg: Herr, mache uns stark, alle Feindschaft und allen Unfrieden unter uns zu besiegen. Gib uns den Mut, gegen Unrecht und Blindheit anzugehen; für Schwache einzutreten, die keinen Anwalt haben. Wir bitten dich:
Alle: Herr, erbarme dich unser!

Liturg: Herr, laß uns den ersten Schritt zur Versöhnung unter uns tun. Auch wenn in den Augen der Starken das als Schwäche gilt, hilf uns demütig zu bleiben. Auch wenn wir in dieser Welt scheitern, so wissen wir doch, daß das Gute und dein Wille letztlich siegen. Am Ende aller Zeiten wirst du richten die Lebenden und die Toten. Alle werden vor deinem Thron stehen und erkennen, daß du der Herr bist. Du wirst Recht sprechen, und das Böse wird endgültig überwunden sein. Wir bitten dich:
Alle: Herr, erbarme dich unser!

Liturg: Herr, wir legen alles in deine Hand und vertrauen darauf, daß du unser Leben führst, durch Jesus Christus. Amen.

22. Sonntag nach Trinitatis

Wochenspruch
Bei dir ist Vergebung, daß man dich fürchte.
Psalm 130,4

Kollektengebet
Herr,
allmächtiger und ewiger Gott,
wir bitten dich:

Vergib uns unsere Schuld,
die uns daran hindert,
dir mit Leib, Seele
und freiem Herzen zu dienen.
Schenke uns den Geist der Liebe.

Erhöre uns
durch Jesus Christus,
der mit dir und dem Heiligen Geist
List und Lüge besiegt.

Allmächtiger Gott,
du bist Anfang und Ende der Zeit,
von Ewigkeit zu Ewigkeit. Amen.

Lesungen
Psalm 130;143
Micha 6,6-8
Philipper 1,3-11
Matthäus 18,21-35

Kirchengebet

Liturg: Ewiger Gott, gütiger Vater im Himmel, du bist uns nahe im Wort deines Sohnes Jesus Christus. Du lenkst unsere Gedanken durch die Kraft deines Heiligen Geistes.

Herr, wir danken dir für deine grenzenlose Güte und Geduld, mit der du uns begegnest. Keiner von uns kann vor dir bestehen. Alle sind wir an dir schuldig geworden. Wir haben dich oft verlassen und sind anderen Göttern gefolgt. Wir haben deine Gebote mißachtet und uns selbst zu Herren über unser Leben und das der anderen gemacht. Hart und unversöhnlich sind wir anderen gegenüber, aber die Größe unserer eigenen Schuld erkennen wir nicht. Dennoch wendest du dich nicht von uns ab, sondern umgibst uns mit deiner Liebe, damit wir mit unserem falschen Tun umkehren. Du vergibst uns unsere Schuld.

Herr, wir bitten dich, lehre uns begreifen, daß wir Vergebung ohne Verdienst erhalten. Befreie uns von der Härte unseres Herzens, die diese Vergebung nicht weitergeben will. Herr, wir rufen zu dir:
Alle: Vergib uns unsere Schuld!

Liturg: Herr, wir bitten dich für alle, die auf Vergebung warten. Sie leiden darunter, daß ihre Fehler und Versäumnisse Gemeinschaft zerstört haben und anderen Menschen Unrecht zugefügt wurde. Wir bitten dich um Versöhnung zwischen denen, deren Herz noch voll Haß und Feindschaft ist. Herr, wir rufen zu dir:
Alle: Vergib uns unsere Schuld!

Liturg: Herr, wir bitten dich, habe Geduld mit uns. Wir schämen uns vor dir, weil wir dein Gebot, anderen zu vergeben, so selten einhalten. Wir bereuen alles, was wir Böses getan haben, und rufen zu dir:
Alle: Vergib uns unsere Schuld!

Liturg: Herr des Lebens, im Vertrauen auf dich, auf deine Barmherzigkeit und Güte, gehen wir getrost unseren Weg, durch Jesus Christus. Amen.

23. Sonntag nach Trinitatis

Wochenspruch
Der König aller Könige und Herr aller Herren,
der allein Unsterblichkeit hat,
dem sei Ehre und ewige Macht!
1. Timotheus 6,15-16

Kollektengebet
Herr, himmlischer Vater,
wir bitten dich:

Nimm von uns die Furcht vor Menschen.
Du bist größer und stärker.
Du allein bist Gott,
Herr des Himmels und der Erde,
und mächtiger als alle Menschen.

Erhöre uns
durch Jesus Christus,
der mit dir und dem Heiligen Geist
diese Welt in seiner Hand hält.

Allmächtiger Gott,
du bist Anfang und Ende der Zeit,
von Ewigkeit zu Ewigkeit. Amen.

Lesungen
Psalm 33
1. Mose 18,20-21.22b-33
Philipper 3,17-21
Matthäus 22,15-22

Kirchengebet

Gelobt seist du, Gott des Himmels und der Erde. Du hast deinen Sohn Jesus Christus vom Tode erweckt und uns das Licht des Lebens geschenkt. Du läßt das Feuer des Geistes vom Himmel in unsere Herzen fallen.

Herr, wir danken dir, daß unsere Heimat im Himmel ist. Unser eigentliches Ziel ist dein Reich, das am Ende aller irdischen Zeit beginnt. Schon heute gibst du uns Anteil an dem, was einst vollendet sein wird. Alles um uns herum, und auch wir selbst müssen vergehen. Du bist der Herr der Zeiten, der König aller Könige. Du lebst und regierst von Ewigkeit zu Ewigkeit. Du allein bist der Unsterbliche und Ewige. Solange wir noch auf dich warten, werden wir uns immer wieder daran erinnern, daß unsere Zukunft über den Tod hinausreicht.

Herr, wir bitten dich, laß uns in dieser Gewißheit unser Leben gestalten. Wir tragen Verantwortung für deine gute Schöpfung. Wir sollen verhindern, daß ein Chaos ausbricht. Du berufst Menschen, die besondere Verantwortung für den Staat tragen. Gib ihnen Weisheit und Mut, das Gute vom Bösen, das Notwendige vom Überflüssigen zu unterscheiden. Laß sie erkennen, daß sie für alles, was sie tun, einst vor dir Rechenschaft ablegen müssen.

Herr, wir bitten dich für alle, die ihre Arbeit treu erfüllen. Laß sie nicht unsicher werden, wenn andere ihre Aufgaben nicht wahrnehmen. Ermutige die, die sich an deine Gebote und an deine Worte halten. Laß sie nicht die Geduld verlieren, wenn sie sehen, daß es den »Gottlosen« gutgeht.

Herr, mache uns frei von den Gedanken der Rache. Deine unbegreifliche Güte gibt uns jeden Tag von neuem die Chance des Lebens. Sie gilt auch denen, die sich noch an das Irdische halten und über den Himmel lachen. Wende dich nicht ab von ihnen und erbarme dich über alle, und vergib ihnen die Schuld. Du bist der Herr aller Herren.

Herr, du bist das Licht der Welt und die Hoffnung unseres Lebens. Wir vertrauen dir alles an und verlassen uns auf Jesus Christus. Amen.

24. Sonntag nach Trinitatis

Wochenspruch
Mit Freuden sagt Dank dem Vater,
der euch tüchtig gemacht hat
zu dem Erbteil der Heiligen im Licht.
Kolosser 1,12

Kollektengebet
Herr, allmächtiger Gott,
lieber Vater im Himmel,
wir bitten dich:

Laß uns das Licht des Lebens sehen.
Errette uns von der Macht der Finsternis.
Führe uns an deiner Hand,
damit wir sicher schreiten.

Erhöre uns
durch Jesus Christus,
der mit dir und dem Heiligen Geist
dem Tod die Macht genommen hat.

Allmächtiger Gott,
du bist Anfang und Ende der Zeit,
von Ewigkeit zu Ewigkeit. Amen.

Lesungen
Psalm 39
Prediger 3,1-14
Kolosser 1,9-20
Matthäus 9,18-26

Kirchengebet

Allmächtiger Gott, Vater unseres Herrn Jesus Christus, du hast alles Sichtbare und Unsichtbare geschaffen. Du erhältst alles nach deinem Willen durch die Macht des Heiligen Geistes.

Herr, wir danken dir, daß du uns von der Macht der Finsternis errettet hast. Unseren Weg führst du ins Licht, wo das Leben ist. Du bist Christus, dem Gott alle Gewalt gegeben hat im Himmel und auf Erden. Du bist der Anfang der neuen Schöpfung, auferstanden von den Toten. Du nimmst uns auf in dein Reich. Wir sind die Erlösten, frei von der dunklen Macht der Sünde und von der Gewalt des Todes. Durch dein Licht sind wir verwandelt zu Heiligen, weil du uns ganz nahe bist. Überwunden sind die Nächte der Schuld, angebrochen ist der Tag des Heils.

Herr, wir bitten dich, laß uns erkennen, daß alles unter dem Himmel seine Zeit hat, und alles, was die Menschen planen, hat seine Stunde. Wir bitten dich für die ungeborenen Kinder, deren Leben du den Eltern anvertraut hast. Für die, deren Leben zu Ende geht und die es in deine Hände zurückgeben. Für die, die planen und bauen, damit ihr Werk gelinge. Für die, die alles verloren haben und nun nicht mehr weiter wissen. Für die Lachenden und Weinenden, für die Klagenden und Tanzenden, für die Liebenden und für die an Liebe Erkalteten. Wir bitten dich für die Gewinner und für die Verlierer. Für die, die ihre Zeit achtlos vertreiben, für die Zerstörer und für die, die wiedergutmachen. Für die, die schweigen, und für die, die reden müssen. Für die Streitsüchtigen und für die Friedfertigen. Herr, alles hat seine Zeit, und jeder von ihnen muß erkennen, daß alles vergeblich ist, wenn du nicht mit uns gehst.

Herr, Licht des Himmels und der Erde, laß uns tun, was dein Wille über unserem Leben ist. Bewahre und behüte uns, durch Jesus Christus. Amen.

Ende des Kirchenjahres

Am Ende des Kirchenjahres, zumal am Ewigkeitssonntag, wird unser Blick auf die Vergänglichkeit dieser Welt und auf die Verwandlung der Schöpfung gerichtet: »Wir erwarten die Auferstehung der Toten und das Leben der kommenden Welt.« (Nizänisches Glaubensbekenntnis).

Der Bußtag fällt auf den Mittwoch vor dem letzten Sonntag des Kirchenjahres. Schon im 8. Jahrhundert gab es die Sitte, in besonderen Nöten für das Volk eine gemeinsame Buße zu veranstalten. So wurde im Laufe der Geschichte ein ursprünglich vom Staat verordneter Tag in den christlichen Kalender aufgenommen. Der Bußtag will – neben den Bußzeiten des Advent und der Passion – uns auffordern, zu Gott umzukehren: »Und vergib uns unsere Schuld, wie auch wir vergeben unseren Schuldigern.« (Vaterunser).

Buße ist kein Anlaß zur Selbstkasteiung, sondern Grund zur Freude. Gott will unseren Geist und Sinn erneuern, ein verwandeltes Leben uns schenken, ein Leben in seiner Nähe. Das 12. Kapitel des Römerbriefes schildert den durch Gottes Gnade verwandelten Menschen. Es ist nicht Utopie, sondern von Gott gewirkte Wirklichkeit, daß wir zu Verwandelten werden. Wie kann es in dieser so hoffnungslosen Welt eine Hoffnung geben, die eben nicht wie alle irdischen Hoffnungen zerrinnt? »Siehe, ich mache alles neu!« (Offenbarung 21,5). Das klingt befreiend im Blick auf alle menschliche Verwirrung. Es zeigt uns den einzigen Ausweg: Gott selbst muß alle Tränen abwischen. Er wird Schmerz, Leid, Geschrei und den Tod endgültig vernichten.

Diese neue, lebendige Hoffnung ruht auf der Botschaft von der Auferstehung Jesu. Gott hat ihn aus dem Tod ins neue Leben gerufen. Es gschieht Abbruch des Alten, Anbruch eines Neuen, erfahren und bezeugt von den Jüngern und Aposteln. Neu erfahren und weitergesagt von denen, die Gottes Geist in das Geheimnis der neuen Schöpfung aufgenommen hat. Lebendige Hoffnung und neues Leben ruhen nicht auf dem Wirtschaftspotential. Sie liegen jenseits von Krise und Wohlstand. Lebendige Hoffnung auf die neue Schöpfung Gottes läßt uns die alte und vergehende Welt nicht zum Götzen werden. Wir lachen und weinen, suchen und verlieren, werden geboren und müssen sterben in dieser Welt. Bei allen Rätseln und Sinnlosigkeiten, bei allem Absurden und Unverständlichen, wissen wir uns dennoch geborgen in Gottes Hand. Wir halten nicht krampfhaft am Leben fest, werfen es aber auch nicht leichtsinnig weg. Wir begnügen uns mit der zugemessenen Zeit und sprechen den irdischen Dingen nicht Ewigkeit zu.

25. Sonntag nach Trinitatis: Drittletzter Sonntag des Kirchenjahres

Wochenspruch
Siehe, jetzt ist die Zeit der Gnade,
siehe, jetzt ist der Tag des Heils!
2. Korinther 6,2

Kollektengebet
Herr,
allmächtiger und ewiger Gott,
wir bitten dich:

Laß uns die Zeichen erkennen,
die auf das Kommen deines
Reiches weisen. Gib uns Geduld,
auf die Wiederankunft deines Sohnes
zu warten.

Erhöre uns
durch Jesus Christus,
der mit dir und dem Heiligen Geist
allen eine neue Zukunft verheißt.

Allmächtiger Gott,
du bist Anfang und Ende der Zeit,
von Ewigkeit zu Ewigkeit. Amen.

Lesungen
Psalm 85; 90
Hiob 14,1-6
Römer 14,7-9
Lukas 17,20-30

Kirchengebet

Großer Gott, Herr allen Lebens. Durch Jesus Christus hast du die Welt errettet. Durch deinen Heiligen Geist regierst du die Herzen der Menschen.

Herr, wir danken dir, daß die Zukunft der Welt und die Zukunft unseres Lebens in deiner Hand liegt. Wir wissen weder Tag noch Stunde, wann du wiederkommst, zu richten die Lebenden und die Toten. Doch wir wissen, daß keiner von uns nur für sich selbst lebt oder stirbt. Wenn wir leben, leben wir für dich, und wenn wir sterben, sterben wir für dich. Wir gehören dir im Leben und im Tod. Du bist gestorben und wieder lebendig geworden, um über die Lebenden und Toten zu herrschen. Wir haben hier keine bleibende Statt, sondern eine zukünftige erwarten wir. Du wirst uns erlösen von den Schrecken dieser Welt, und wir werden eine neue Erde und einen neuen Himmel sehen.

Herr, wir bitten dich, bewahre uns vor den Berechnungen eines Weltuntergangs, die Schrecken und Furcht über viele Menschen bringen. Wir sollen an jedem Tag für dein Wiederkommen bereit sein. Wenn es dein Wille ist, so werden wir morgen unsere Arbeit aus der Hand legen. Aber noch erwartest du, daß wir auf dieser Erde geduldig auf dich warten. Dein Reich wächst aus unserer Zeit in deine Ewigkeit.

Herr, bewahre uns vor den falschen Propheten, die unser Herz in Unruhe versetzen und uns untauglich machen für deine Wiederkunft. Ermutige alle, die die Hoffnung auf deine Wiederkunft aufgegeben haben. Bewahre alle, die in Resignation verfallen, weil sie in Angst vor dem Ende aller Dinge leben. Herr, lehre uns, daß aus dem Ende der Zeit der Anfang deiner Ewigkeit hervorbricht.

Herr über Leben und Tod, dein Wort und deine Güte führen uns am Tage und sind Zeichen in der Nacht. Wir vertrauen dir von ganzem Herzen, durch Jesus Christus. Amen.

Volkstrauertag:
Vorletzter Sonntag des Kirchenjahres

Wochenspruch
Wir müssen alle offenbar werden
vor dem Richterstuhl Christi.
2. Korinther 5,10

Kollektengebet
Herr, allmächtiger
und barmherziger Gott,
wir bitten dich:

Laß uns erkennen, daß unsere Lebenszeit
bemessen ist und diese Welt zu Ende geht.
Lehre uns bedenken,
daß alles seine Zeit hat.

Erhöre uns
durch Jesus Christus,
der mit dir und dem Heiligen Geist
das Licht der Welt ist.

Allmächtiger Gott,
du bist Anfang und Ende der Zeit,
von Ewigkeit zu Ewigkeit. Amen.

Lesungen
Psalm 50; 143
Jeremia 8,4-7
Römer 8,18-25
Matthäus 25,31-46

Kirchengebet

Gott, wir loben und preisen dich für deine Liebe, mit der du uns in Jesus Christus begegnest. Du berührst unser Herz und erneuerst unseren Sinn durch die Kraft deines Geistes.

Herr, wir danken dir, daß du trotz aller Traurigkeiten und Schuld, die wir auf uns laden, ein Gott der Versöhnung bist. Wenn wir vor dich einst treten müssen, um Rechenschaft über unser Leben abzulegen, wird unser Herz schwer sein. Schuld und Versagen drücken die schweren Lasten. Sie klagen uns an. Wo du das Leben wolltest, haben wir den Tod gebracht. Wo du von uns Liebe zum Nächsten erwartet hast, waren wir gleichgültig und haben nur an uns selbst gedacht.

Herr, wir bitten dich, sei gnädig mit uns im Gericht. Offenbar werden unsere Verfehlungen und Versäumnisse. Mit Schrecken werden wir erkennen, wie oft wir den Sinn unseres Lebens verfehlt haben.

Herr, wir bitten dich für alle, die in unserer Zeit leiden müssen. Für die Kranken und Gefangenen, für die Armen und Hungernden, für die Schwachen und Unerwünschten, für die Verlachten und Vergessenen.

Herr, wir bitten dich für die ängstliche Kreatur, die unter der Hand des Menschen soviel leiden muß. Die Tiere sind auch deine Schöpfung, die wir bewahren sollen. Wie furchtbar sind oft die Qualen, die wir ihnen zufügen. Erlöse sie von den Grausamkeiten, die sie erleiden.

Herr, deine ganze Schöpfung sehnt sich nach der Erlösung von der Vergänglichkeit alles Lebenden. Groß ist unsere Hoffnung, und wir warten in Geduld auf deine neue Schöpfung.

Herr, wir vertrauen dir, daß du mit uns gehst auf unseren Wegen und wir dem Tag entgegengehen, an dem dein Sohn Jesus Christus wiederkommt. Amen.

Buß- und Bettag

Spruch des Tages
Gerechtigkeit erhöht ein Volk;
aber die Sünde ist der Leute Verderben.
Sprüche 14,34

Kollektengebet
Herr,
allmächtiger und heiliger Gott,
wir bitten dich:

Verzeihe uns alle Ungerechtigkeit
und den törichten Hochmut.
Wende von uns
die Trägheit des Herzens
und den verkehrten Sinn.

Erhöre uns
durch Jesus Christus,
der mit dir und dem Heiligen Geist
uns zur Umkehr leitet.

Allmächtiger Gott,
du bist Anfang und Ende der Zeit,
von Ewigkeit zu Ewigkeit. Amen.

Lesungen
Psalm 51
Jesaja 1,10-17
Römer 2,1-11
Lukas 13,1-9

Kirchengebet

Liturg: Allmächtiger, barmherziger Gott, lieber Vater im Himmel. Jesus Christus, unser Herr, der unser Leben aus dem Tod reißt. Heiliger Geist, der unser Herz mit Feuer läutert.

Herr, wir danken dir für die Möglichkeit, immer wieder neu anfangen zu können. Du kennst unsere Schwächen und Fehler. Du weißt, daß wir mit Gedanken, Worten und Werken gegen deinen Willen gehandelt haben. Wir rufen zu dir:
Alle: Herr, erbarme dich unser!

Liturg: Herr, vor dir ist kein Ansehen der Person. Viel Unglück kommt über uns Menschen, wenn Hochmut, Stolz und Eitelkeit unser Herz verdorben haben. Wir mißachten deine Gebote und hängen unser Herz an fremde Götter. Oft haben wir dich verraten, weil wir das Geringe verachteten und nur auf das Hohe sahen. Wir rufen zu dir:
Alle: Herr, erbarme dich unser!

Liturg: Herr, unser Volk hat in seiner Geschichte große Schuld auf sich geladen. Darum ist soviel Furchtbares uns und unseren Kindern geschehen. Wer Streit sät, erntet Krieg. Wer Wind sät, der erntet Sturm. Deine Gebote wollten wir achten und bewahren, aber bald hatten wir dein Wort wieder vergessen. Wir rufen zu dir:
Alle: Herr, erbarme dich unser!

Liturg: Herr, wir sind getrennt in Konfessionen, die an der Spaltung gemeinsam schuldig sind. Wir verwalten nicht deine Schöpfung, sondern zerstören sie. Wir streiten miteinander, anstatt in Frieden zu leben. Wir klagen einander an, wo wir vergeben sollten. Wir unterdrücken, wo wir aufrichten sollten. Wir verdrehen die Tatsachen, wo wir die Wahrheit sagen müßten. Wir verleugnen dich, wo wir uns zu dir bekennen sollten. Sei uns gnädig und barmherzig, geduldig und von großer Güte, damit wir von neuem mit dem Leben beginnen können. Wir rufen zu dir:
Alle: Herr, erbarme dich unser!

Liturg: Herr, erhöre unsere Bitten. Lehre uns erkennen, was dein Wille ist, durch Jesus Christus. Amen.

Ewigkeitssonntag:
Letzter Sonntag des Kirchenjahres

Wochenspruch
Laßt eure Lenden umgürtet sein und eure Lichter brennen.
Lukas 12,35

Kollektengebet
Herr,
allmächtiger, ewiger Gott,
wir bitten dich:

Verwandle das Alte in Neues.
Dein Geist wecke Leben,
wo der Tod herrscht!
Laß uns bereit sein,
auf die Stimme deines Sohnes
Jesus Christus zu hören.

Erhöre uns
durch Jesus Christus,
der mit dir und dem Heiligen Geist
alles neu macht.

Allmächtiger Gott,
du bist Anfang und Ende der Zeit,
von Ewigkeit zu Ewigkeit. Amen.

Lesungen
Psalm 39; 126
Jesaja 65,17-19(20-22),23-25
Offenbarung 21,1-7
Matthäus 25,1-13

Kirchengebet

Großer Gott, deine Wege sind unerforschlich und deine Wunder unermeßlich. Dein Sohn Jesus Christus ist der Retter der Welt, die dich verloren hat. Dein Geist ist es, der unsere Herzen verwandelt.

Herr, wir danken dir, daß du alles neu machen wirst. Du wirst abwischen alle Tränen von unseren Augen. Der Tod wird nicht mehr herrschen. Kein Leid und Klagen, auch kein Schmerz wird uns mehr quälen. Das Dunkle und Böse muß dem Licht des Himmels weichen. Wir danken dir, daß du uns hälst und trägst, nicht dem Tode überläßt, sondern uns von der Quelle des lebendigen Wassers zu trinken gibst. Große Freude wird über uns kommen, wenn wir an deinem Tisch das große Abendmahl feiern. Alle Trennungen werden aufgehoben sein. Friede ergreift dann unser Herz, und wir loben und preisen dich über alles.

Herr, wir bitten dich für alle, die vor uns in die Ewigkeit abgerufen wurden. Am Tage des Gerichts sei du mit ihnen und uns gnädig und barmhezig.

Herr, wir bitten dich für alle, die um Menschen trauern, die gestorben sind. An den Gräbern ihrer Lieben gib ihnen die Hoffnung, daß du die Auferstehung und das Leben der Ewigkeit bist. Keiner von uns wird verloren sein, wenn wir auf dich vertrauen.

Herr, wir bitten dich für alle, über die der Tod kommt, weil wir ihnen das Leben nicht gönnen. Gib den Verantwortlichen in Politik und Kirche, in Wissenschaft und Medizin, den Willen zur Erhaltung des Lebens. Behüte das ungeborene Leben vor dem Zugriff des Menschen.

Herr, wir bitten dich, behüte uns in der letzten Stunde unseres Lebens. Tröste und stärke uns angesichts unseres eigenen Sterbens mit deinem Leiden und mit deiner Auferstehung. Wir wissen, daß unsere Zeit in deinen Händen liegt. Du bist Anfang und Ende alles Geschaffenen, von Ewigkeit zu Ewigkeit.

Herr, du bist der Grund unseres Lebens. Du bist das Licht unserer Seele. Laß es in uns und in dieser Welt durch Jesus Christus hell werden. Amen.

Erntedankfest

Wochenspruch
Aller Augen warten auf dich,
und du gibst ihnen ihre Speise zur rechten Zeit.
Psalm 145,15

Kollektengebet
Herr, himmlischer Vater,
Gott allen Lebens,
wir bitten dich:

Laß uns danken
für das Wunder
von Saat und Ernte,
von Sommer und Winter,
von Licht und Schatten.

Erhöre uns
durch Jesus Christus,
der mit dir und dem Heiligen Geist
unser Leben erhalten will.

Allmächtiger Gott,
du bist Anfang und Ende der Zeit,
von Ewigkeit zu Ewigkeit. Amen.

Lesungen
Psalm 104
Jesaja 58,7-12
2. Korinther 9,6-15
Lukas 12,13-21

Kirchengebet

Allmächtiger, ewiger Gott, du bist im Himmel, und wir sind auf Erden. Du bist bei uns durch Jesus Christus, deinen Sohn, und durch die Kraft deines Geistes.

Herr, wir danken dir für die Gaben des Feldes und des Meeres, für die tägliche Nahrung, mit der wir unser Leben erhalten können. Du bringst durch die Sonne Wärme und durch den Regen das Wasser. Himmel und Erde spiegeln die Wunder deiner Schöpfung wider. Du hast alles wohl geordnet und uns Menschen diesen herrlichen Garten zur Pflege anvertraut. Wir danken dir, daß du es Frühling, Sommer, Herbst und Winter werden läßt. Du gibst uns das Brot für den Leib und ein Wort als Nahrung für unsere Seele. Du hast uns reich beschenkt.

Herr, wir bitten dich, bewahre deine gute Schöpfung vor dem zerstörenden Zugriff der Menschen. Wir vernachlässigen oft unsere Sorge um die Erhaltung deines Gartens. Wir wollen immer mehr ernten und immer weniger säen. In Ungeduld beuten wir die Schätze des Bodens aus, ohne auf Schäden Rücksicht zu nehmen.

Herr, wir bitten dich, laß uns täglich danken für die guten Gaben, die wir empfangen. Bewahre uns vor Habgier und Geiz, vor Achtlosigkeit, die Nahrung wegwirft, mit der wir andere vor dem Hungertod retten könnten. Mach uns bereit, mit denen zu teilen, die arm und hungrig sind.

Herr, wir bitten dich um die Freiheit eines Herzens, das gerne gibt. Nicht die Anhäufung von Gütern oder Reichtum werden uns helfen, sondern allein die Liebe zu dir. Es hilft uns nichts, wenn wir alles in dieser Welt gewinnen und erreichen, doch an unserer Seele Schaden erleiden.

Herr, wir bitten dich um die Erkenntnis, daß wir nicht nur vom Brot allein, sondern auch von deinem Wort leben. Du bist das Brot des ewigen Lebens. Wenn du am Ende aller Zeiten die große Ernte einholst, dann sind wir hoffentlich reif für dein Reich. Dann werden die Armen und die Hungrigen an deinem Tisch satt werden.

Großer und gütiger Gott, du bist unsere Hoffnung und Zuversicht. Wir halten uns an deinen Sohn Jesus Christus, der die Auferstehung und das Leben ist. Amen.

Reformationsgedenktag: 31. Oktober

Spruch des Tages
Einen andern Grund kann niemand legen als den,
der gelegt ist, welcher ist Jesus Christus.
1. Korinther 3,11

Kollektengebet
Herr, ewiger und heiliger Gott,
wir bitten dich:

Bewahre deine Kirche
vor falscher Lehre.
Laß sie allein
von deiner Gnade leben.
Erhalte sie bei deinem Wort.

Erhöre uns
durch Jesus Christus,
der mit dir und dem Heiligen Geist
uns die Wahrheit lehrt.

Allmächtiger Gott,
du bist Anfang und Ende der Zeit,
von Ewigkeit zu Ewigkeit. Amen.

Lesungen
Psalm 46
Jesaja 62,6-7.10-12
Römer 3,21-28
Matthäus 5,2-12

Kirchengebet

Allmächtiger, ewiger Gott, du bist in deinem Sohn Jesus Christus zu uns gekommen. Du lehrst und tröstest uns durch die Kraft des Heiligen Geistes.

Herr, wir danken dir, daß deine Kirche auf Erden der Ort der Gemeinschaft unter dem Wort bei Brot und Wein und mit dem Gebet ist. Allein durch das Wort, durch Christus und durch deine Gnade kann deine Kirche das Salz der Erde und das Licht der Welt sein.

Wir bitten dich für alle, die erkennen, daß ihre eigene Kraft und ihre eigenen Werke nicht ausreichen, um die Welt zu erneuern. Ihr Tun ist dennoch nicht vergeblich, denn sie sind schon Kinder des Himmels.

Wir bitten dich für alle, die Leid tragen. Der Schmerz über die Wunden, die ihnen andere zugefügt haben, soll gelindert, ihre Sehnsucht nach Trost gestillt werden.

Wir bitten dich für die Sanftmütigen, die nicht mit Gewalt daherkommen, sondern auf die Liebe setzen. Ihnen wird die Fülle der Erde zur Verfügung stehen.

Wir bitten dich für die, die nach Gerechtigkeit schreien. Ihre Geduld und ihre Leiden sind nicht umsonst.

Wir bitten dich für die, die ihre ganze Liebe den Nächsten schenken. Sie verströmen ihre Kraft im Dienst der Barmherzigkeit. Ihre Hingabe bleibt nicht ohne Antwort.

Wir bitten dich für alle, die unbefangen und ohne die Lasten der Welt auf dich sehen. Sie wollen deine Gegenwart erfahren und dich lieben und ehren.

Wir bitten dich für alle, die in ihrem Herzen den Frieden bewahren und ihn weitergeben. Sie sind verletzlich, aber sie werden wie deine Kinder sein.

Wir bitten dich für alle, die die Gerechtigkeit lieben und sich für sie unerschrocken einsetzen.

Erhöre unser Gebet, barmherziger Gott und Vater, durch unseren Herrn Jesus Christus. Amen.